ŒUVRES COMPLÈTES

EUGÈNE SUE.

LE
COMMANDEUR
DE MALTE

I

Nouvelle Édition

PARIS
CHARLES GOSSELIN,   PÉTION, ÉDITEUR,
30, rue Jacob.   11, rue du Jardinet.

MDCCCXLV

ŒUVRES COMPLÈTES

DE

EUGÈNE SUE.

LE COMMANDEUR DE MALTE.

OUVRAGES DU MÊME AUTEUR.

Le Juif errant.	10 vol. in-8.
Les Mystères de Paris	10 vol. in-8.
Mathilde.	6 vol. in-8.
Deux Histoires	2 vol. in-8.
Le marquis de Létorière. . . .	1 vol in-8.
Deleytar.	2 vol. in-8.
Jean Cavalier	4 vol. in-8.
Le Morne au Diable	2 vol. in-8.
Thérèse Dunoyer	2 vol. in-8.
Latréaumont.	2 vol. in 8.
La Vigie de Koat-Ven	4 vol. in 8.
Paula-Monti.	2 vol. in-8.
Le Commandeur de Malte . . .	2 vol. in-8.
Plick et Plock	2 vol. in-8.
Atar Gull	2 vol. in-8.
Arthur.	4 vol in-8.
La Coucaratcha.	3 vol. in-8.
La Salamandre.	2 vol. in-8.
Histoire de la Marine (*gravures*).	4 vol. in-8.

Sceaux. — Impr. de E. Dépée.

LE
COMMANDEUR
DE MALTE

Par EUGÈNE SUE.

TOME PREMIER.

PARIS,

CHARLES GOSSELIN, | PÉTION, ÉDITEUR,
Éditeur de la Bibliothèque d'élite, | Libraire - Commissionnaire,
30, RUE JACOB. | 11, RUE DU JARDINET.

1845

INTRODUCTION.

Les voyageurs qui parcourent maintenant les côtes pittoresques du département des Bouches-du-Rhône, — les paisibles habitants des rives embaumées par les orangers d'Hières, — les curieux touristes que les paquebots à vapeur transportent incessamment de Marseille à Nice ou à Gênes—ignorent peut-être qu'il y a deux cents ans, sous le ministère florissant du cardinal de Richelieu, le littoral de la Provence était, presque chaque jour, infesté de pirates algériens ou autres barbaresques, dont l'audace n'avait pas de bornes.

Non-seulement ils capturaient tous les bâtiments marchands, à leur sortie des ports (quoique tous ces navires fussent armés en guerre), mais encore ils débarquaient jusque sous le canon des forts, et venaient impunément enlever les habitants, dont les demeures n'étaient pas suffisamment armées et fortifiées.

Les choses empirèrent à ce point que, vers 1635, M. Le cardinal de Richelieu chargea M. de Séguiran, un des hommes les plus éminents de cette époque[*], de visiter les côtes de Provence, afin d'aviser aux moyens de mettre cette province à l'abri de l'invasion des pirates.

Nous citerons un passage du Mémoire de M. de Séguiran afin de donner au lecteur une idée exacte du théâtre de l'action qui va suivre.

« Il y a — dit-il — au lieu de la Ciotat une
« logette que les consuls ont fait bâtir sur l'une
« des pointes du rocher du cap de l'Aigle, en

---

[*] Voir le voyage et inspection maritime sur la côte de Provence de M. Henri de Séguiran, seigneur de Bouc, chevalier, conseiller du roi en ses conseils, et premier président en sa cour des comptes, aides et finances de Provence; vol. 3, page 296. — (Correspondance d'Escoubleau de Sourdis, archevêque de Bordeaux, chef des armées navales du roi, accompagnées d'un texte historique, de notes et d'une introduction sur l'état de la marine en France sous Louis XIII, par M. Eugène Sue, 1839. 3 vol. in-4, *publiés par ordre du Roi.*

« laquelle ils entretiennent un homme très
« expert en la navigation, qui s'y tient, jour
« et nuit, pour prendre garde aux vaisseaux
« pirates.

« Tous les soirs à l'entrée de la nuit, le
« garde de la logette de la Ciotat allume son
« fagot, et ainsi est continué en toutes les
« autres et semblables logettes jusqu'à la tour
« de Bouc.

« C'est le signal assuré qu'il n'y a aucun
« corsaire à la mer.

« Si ledit garde de la logette en avait, au
« contraire, reconnu un, il ferait deux feux,
« et ainsi des autres depuis Antibes jusqu'à la
« tour de Bouc, ce qui serait achevé en moins
« de demi-heure de temps.

« Les habitants de la Ciotat avouent qu'ès-
« années dernières le commerce était meil-
« leur. Mais il est ruiné au point qu'on voit.

« Les corsaires de Barbarie leur sont venus
« enlever une année vingt-quatre barques et
« mis à la chaîne environ cinquante de leurs
« meilleurs mariniers. »

Ainsi que nous l'avons dit, la terreur des
pirates barbaresques était si grande sur la

côte qu'on voyait chaque maison transformée en forteresse.

« Continuant notre chemin — dit M. de Sé-
« guiran — nous serions arrivés à la maison
« du sieur de Boyer, gentilhomme ordinaire
« de la chambre du roi, laquelle maison nous
« aurions trouvé en défense, en cas de des-
« cente des corsaires, ayant une terrasse en
« devant, qui en regarde l'entrée du côté de
« la mer, et sur elle douze pièces de fer coulé,
« plusieurs bâtardes * et deux pierriers, et
« dans ladite maison, quatre cents livres de
« poudre, deux cents boulets, deux paires
« d'armes **, douze mousquets et demi-pi-
« ques.

« A Bormez et à Saint-Tropez — dit plus
« loin M. de Séguiran, — le commerce est si
« gêné qu'il ne pouvait arriver à 10,000 liv.
« Ce qui procède non-seulement de la pau-
« vreté des habitants, mais aussi des courses
« que font les pirates qui abordent presque
« tous les jours en leurs ports, en sorte que
« bien souvent les barques sont obligées de

---

* Bâtardes, pièces de petit calibre.
** D'armures.

« prendre terre, pour que les hommes qui les
« montent puissent se sauver, ou que les ha-
« bitants du lieu se mettent en armes.

« A Martigues, communauté qui avait souf-
« fert de grandes pertes ès-personnes de ses
« habitants, estimés les plus courageux et
« meilleurs mariniers de la Méditerranée,
« plusieurs d'iceux ayant été faits esclaves
« par les corsaires d'Alger, de Tunis, qui
« exercent plus que jamais leurs pirateries à
« la vue des forts et des forteresses de cette
« province. »

Le lecteur concevra le dédain des barbaresques pour les forts de la côte, en sachant
que le littoral était dans un si déplorable état
de défense que M. de Séguiran dit dans un
autre passage de son rapport au cardinal de
Richelieu.

« Le lendemain, 24 dudit mois de janvier,
« sur les sept heures du matin, serions allés
« au château fort dudit Cassis appartenant au
« sieur Évêque de Marseille, où nous n'au-
« rions trouvé, pour toute garnison, qu'un
« concierge, serviteur domestique dudit Évê-
« que qui nous aurait fait voir ladite place, où

« il y a seulement deux fauconneaux dont l'un
« est éventé. »

Plus tard, M. l'archevêque de Bordeaux faisait la même remarque à propos de l'une des positions les plus fortes de Toulon. »

« Le premier de ces forts et le plus impor-
« tant — dit le prélat guerrier, dans son rap-
« port — c'est une vieille tour où il y a deux
« batteries, dans lesquelles on pourrait mettre
« cinquante canons et deux cents soldats; il
« y a du bon canon dedans, mais il est tout
« démonté, et nulle munitions que celles qui
« ont été mises par ordre de Votre Éminence
« (il s'agit du cardinal de Richelieu), il y a
« quinze jours. Un bonhomme de gouverneur
« qui n'a, pour toute garnison, que sa femme
« et sa servante, y est, y ayant vingt ans qu'il
« n'a reçu un denier, à ce qu'il dit [*]. »

Tel était l'état des choses, lorsque quelques années auparavant le cardinal de Richelieu avait été investi par Louis XIII de la charge de grand-maître chef et surintendant

---

[*] Correspondance de Sourdis, déjà citée. Juin 1637, t. 1, pag. 109.

général de la navigation et commerce de France.

En étudiant attentivement le but, la marche, les moyens et les résultats du gouvernement de Richelieu, en comparant enfin le point de départ de son administration aux fins impérieuses de centralisation absolue vers lesquelles il tendit toujours, et qu'il atteignit si victorieusement, on est surtout frappé, spécialement en ce qui concerne la marine, de l'incroyable confusion et multiplicité de pouvoirs ou de droits rivaux qui couvraient le littoral du royaume de leur inextricable réseau *.

* Ainsi, outre les droits de l'amiral du Levant, du gouverneur de la province, des communautés consulaires de chaque bourg et de l'amiral de France, quantité de gentilshommes exerçaient divers droits en vertu de lettres patentes conférées par divers rois. Ainsi on lit dans le même rapport de M de Séguiran : « Comme aussi sachant qu'il y avait un droit
« appellé *La table de la mer*, donné par engagement du
« feu roi au feu sieur de Libertat, aurions appris qu'au-
« jourd'hui il appartenait aux sieurs Sanson et de Paris en
« qualité de maris des demoiselles de Libertat ; lesdits droits
« consistants à demi pour cent qui s'exige sur tous les étran-
« gers et sur toutes sortes de marchandises, excepté les dro-
« gueries et épiceries qui payent un pour cent. »
Plus loin il nous dit : « Que depuis trente années, le sieur
« de Boyer, gentilhomme ordinaire de la chambre du roi,

Lorsque le cardinal fut chargé des intérêts maritimes de la France, il pouvait à peine compter sur l'appui d'un roi timoré, faible, inquiet et capricieux; il sentait encore la France sourdement agitée par de profonds discords politiques et religieux. Seul, en face de prétentions exorbitantes représentées par les plus puissantes maisons de France, hautaines et jalouses dépositaires des dernières traditions d'indépendance féodale, il fallut que la volonté de Richelieu fût bien intrépide, fût bien opiniâtre pour écraser sous le niveau de l'unité administrative des intérêts si nombreux, si vivaces, si rebelles! Telle fut pourtant l'œuvre de ce grand ministre.

Sans doute, l'ardent et saint amour du bien général, le noble instinct des besoins et des progrès de l'humanité, ces pures et sereines aspirations des Dewitt ou des Franklin, n'eussent pas suffi au cardinal pour entreprendre et pour soutenir une lutte si acharnée, peut-être qu'il lui fallait encore se sentir animé

« par lettres patentes de Henry IV, avait eu seul permission
« et faculté de poser dans la mer des filets à pêcher les thons,
« depuis le cap de l'Aigle jusqu'à Antibes, etc. » Sourdis, tom. 11, pag 261.

d'une ambition effrénée, insatiable, afin de braver tant de haines formidables, mépriser tant de clameurs, prévenir ou punir tant de menaçantes révoltes, par la prison, par l'exil ou par l'échafaud, et d'arriver à rassembler dans sa main mourante et souveraine tous les moyens d'action de l'État.

Ce fut ainsi, nous le pensons du moins, que le génie de Richelieu, exalté par son indomptable personnalité, parvint à consommer cette admirable centralisation des pouvoirs, but constant, glorieux terme de son ministère.

Malheureusement il mourut alors qu'il commençait d'organiser cette autorité si vaillamment conquise.

Si la France, au moment de la mort du cardinal, offrait encore à sa surface les larges traces d'un complet bouleversement social, le sol commençait du moins à être débarrassé de mille pouvoirs parasites et rongeurs qui l'épuisaient depuis si longtemps.

Aussi, dirait-on que presque toujours les hommes éminents, quoique de génies divers, naissent à point pour parachever les grands travaux des sociétés.

A Richelieu, cet infatigable et résolu défricheur, succède Mazarin, qui nivèle ce terrain si profondément labouré, puis Colbert, qui l'ensemence, qui le féconde! . . . .

L'impériale volonté de Richelieu apparaît sous une de ses faces les plus brillantes dans la longue lutte qu'il eut à soutenir, lorsqu'il fut chargé de l'organisation de la marine.

Jusqu'alors les gouverneurs généraux de Provence avaient toujours récusé les ordres de l'amirauté de France, se disant *Amiraux-Nés* du Levant.

Comme tels, ils prétendaient au commandement maritime de la province; quelques-uns de ces gouverneurs, tels que les comtes de Tende et de Sommerives, et à l'époque dont nous parlons, le duc de Guise, avaient reçu du roi des lettres d'amiraux particuliers; ces concessions arrachées à la faiblesse du monarque, loin d'appuyer les prétentions des gouverneurs généraux, protestaient au contraire contre leur usurpation; puisque ces titres prouvaient clairement que les commandements de terre et de mer devaient être distincts[*].

[*] Il en allait de même pour les autres provinces. Les lieu-

INTRODUCTION. 11

Ce furent ces pouvoirs si divisés, si rivaux
que le cardinal voulut impérieusement réunir
et centraliser dans sa charge de grand-maître
de la navigation.

On le voit par ce bien rapide aperçu, et par
les citations que nous avons empruntées au
rapport de M. de Séguiran, un effroyable dé-

tenants-généraux de Guyenne se montraient tout aussi rebelles
à l'amiral de France. Prétendant avoir sous leurs ordres le littoral et les forces navales de leur gouvernement depuis le Bec
de Ratz jusqu'à Bayonne, en vertu d'un traité conclu en 1453
entre Charles VII et le roi d'Angleterre, traité par lequel il
avait été stipulé, à l'occasion de la reddition de Bordeaux,
que les gouverneurs de Guyenne continueraient de garder le
commandement supérieur de la marine. Mais ce fut la vieille
et dure Armorique qui résista plus longtemps à cette centralisation de pouvoirs. Les ducs de Bretagne, quoique grands
vassaux de la couronne, avaient d'abord exercé dans leurs
états le droit régulier d'amirauté, comme princes souverains,
en vertu d'un traité conclu en 1231 par saint Louis et Pierre
de Dreux ; mais, après la réunion de cette province à la couronne, le gouverneur-général de l'Armorique et ses successeurs refusèrent toujours d'abdiquer leur autorité et de reconnaître les droits de l'amirauté de France. Richelieu, et
après lui Mazarin et Colbert, ne purent vaincre l'opiniâtreté
de la Bretagne ; car, sous le règne de Louis XIV, M. le comte
de Toulouse ayant succédé à M. de Vermandois comme amiral de France, le roi trouva dans cette province une résistance si énergique à reconnaître les droits de M. de Toulouse, qu'il fut forcé de remplacer M. de Chaulnes, gouverneur de Bretagne, par M. de Toulouse, qui, se trouvant de
la sorte gouverneur général de Bretagne et amiral de France,
put confondre ces deux pouvoirs en un seul.

sordre régnait dans toutes les branches du pouvoir.

Ce désordre était encore augmenté par les conflits de juridiction perpétuellement soulevés, soit par les gouverneurs de province, soit par les amirautés, soit par les prétentions féodales de plusieurs gentilshommes riverains.

En un mot, abandon ou désorganisation des places fortes, ruine du commerce, rapines du fisc, invasion du littoral, terreur des populations, se retirant dans l'intérieur des terres pour fuir les attaques des pirates barbaresques; tel était l'affligeant tableau que présentait la Provence à l'époque où va commencer cette histoire, faits incroyables qui semblent plutôt appartenir à la barbarie du moyen âge qu'au dix-septième siècle.

LE COMMANDEUR DE MALTE.

CHAPITRE PREMIER.

MISTRAOU.

Vers la fin du mois de juin 1653, trois voyageurs de distinction, arrivant à Marseille, s'établirent dans la meilleure auberge de la ville. Leur costume, leur accent paraissa ent étrangers ; ont sut bientôt qu'ils étaient Moscovites ; quoique leur suite fût peu nombreuse, ils vivaient avec magnificence ; le plus âgé des trois voyageurs avait été visiter M. le maréchal de Vitry, gouverneur de Provence, alors résidant à Marseille. Le maréchal lui rendit sa visite, circonstance qui fit beaucoup présumer de l'importance des étrangers.

Ils employaient leur temps à visiter les bâtiments publics, le port, les chantiers. Le gouverneur du plus jeune de ces voyageurs s'enquit particulièrement auprès des consuls (avec l'agrément de M. le Maréchal de Vitry), s'enquit disons-nous, des productions et du commerce de la Provence, de l'état de la marine marchande, de ses armements, de leur destination, paraissant curieux de faire comparer à son élève la marine naissante du Nord, avec la marine d'une des plus importantes provinces de France.

Un jour ces Moscovites dirigèrent leur promenade vers la route de Toulon.

Le plus vieux des trois étrangers paraissait avoir cinquante ans; sa physionomie offrait un singulier mélange de dédain et de causticité; il était vêtu de velours noir; une longue barbe rousse tombait sur sa poitrine; ses cheveux de même couleur, mêlés de quelques mêches argentées, s'échappaient d'un bonnet tartare, garni de riches fourrures. Ses yeux verts de mer, son teint blême, son nez recourbé, ses sourcils épais, ses lèvres minces, lui donnaient un air ironique et dur.

Il marchait à quelque distance de ses compagnons, il parlait peu et seulement pour lancer de temps en temps quelque sarcasme.

L'âge et la figure des deux autres Moscovites offraient un contraste frappant.

L'un, qui semblait le précepteur du plus jeune, avait environ quarante-cinq ans. Il était petit, gros, presque obèse, quoiqu'il parût d'une constitution vigoureuse.

Il portait une longue robe de tabis brun à l'orientale, un bonnet de forme asiatique ; un poignard persan d'un riche travail ornait sa ceinture de soie orange.

Son visage gras, coloré, ombragé d'une épaisse barbe brune, ses lèvres épaisses, respiraient la sensualité ; ses petits yeux gris pétillaient de malice ; parfois il laissait échapper d'une voix grêle quelques plaisanteries d'un audacieux cynisme, souvent faites en latin, et surtout empruntées à Pétrone ou à Martial ; les deux voyageurs, faisant sans doute allusion au goût de leur compagnon pour les œuvres de Pétrone, lui avaient donné le nom d'un des héros de cet écrivain, et l'appelaient *Trimalcyon*.

L'élève de ce singulier précepteur paraissait âgé de vingt ans au plus ; sa taille était moyenne, mais accomplie ; son costume, ainsi que celui des Moscovites de cette époque, offrait un heureux mélange de modes du Nord et de l'Orient, équilibrées avec un goût parfait.

Sa longue chevelure brune, naturellement bouclée, sortait d'un feutre noir, plat et sans bord, posé de côté et orné d'une tresse d'or mêlée de pourpre ; les deux bouts de ce cordon, finement ouvragés et frangés, retombaient sur le collet d'une tunique de brocatelle fond noir à desseins pourpre et or, serrée aux hanches par un schall de cachemire ; une seconde tunique à manches flottantes en riche vénitienne noire, doublée de taffetas ponceau, lui descendait un peu au-dessous des genoux ; enfin ses larges pantalons à la moresque flottaient sur des bottines de maroquin rouge.

Un observateur eût été très embarrassé d'assigner un caractère certain à la physionomie de ce jeune homme.

Ses traits étaient d'une régularité parfaite ; une barbe naissante et soyeuse ombrageait son menton et ses lèvres ; ses grands yeux brillaient comme des diamants noirs sous ses étroits sourcils bruns ; l'éblouissant émail de ses dents égalait à peine le carmin foncé de ses lèvres ; son teint était d'une pâleur mate et brune ; ses formes sveltes et nerveuses réunissaient la force à l'élégance.

Mais ce visage, aussi charmant qu'expressif et mobile, reflétait tour à tour les impressions diverses que les deux compagnons de ce jeune homme éveillaient en lui.

Trimalcyon faisait-il quelque plaisanterie grossière et licencieuse, le jeune homme que nous appellerons *Érèbe* y applaudissait par un sourire moqueur et libertin, ou enchérissait encore sur le cynisme de son percepteur.

Le seigneur *Pog*, l'homme silencieux et sarcastique, prononçait-il quelque rare et amère parole, soudain les narines d'Érèbe se gonflaient, sa lèvre supérieure se retroussait dédaigneusement, et ses traits exprimaient à l'instant la plus méprisante ironie.

Si au contraire Érèbe ne subissait pas ces deux fatales influences, s'il n'affichait pas le vice par une coupable jactance, sa figure redevenait douce, sereine, un calme enchanteur se répandait sur ses beaux traits, car si le cynisme et l'ironie agitaient passagèrement son âme, ses instincts nobles, élevés, reprenaient bientôt leur cours ; de même qu'une source pure reprend sa limpidité première lorsqu'une main fangeuse ne trouble plus le cristal de ses eaux.

Tels étaient ces trois personnages.

Ils se promenaient alors, nous l'avons dit, sur la route de Marseille à Toulon.

Érèbe, silencieux et pensif, marchait à quelques pas en avant de ses compagnons.

Le chemin s'enfonçait dans les gorges d'Ollioules, et s'encaissait au milieu de ces roches solitaires.

Érèbe venait d'arriver à une petite plateforme, d'où il dominait une assez grande partie de la route ; cette route, fort escarpée à cet endroit, formait un coude au pied de l'éminence où le jeune homme était placé, et la contournait en s'élevant vers elle.

Tiré de sa rêverie par un chant encore lointain, Érèbe s'arrêta pour écouter.

La voix s'approchait de plus en plus.

C'était une voix de femme, d'un timbre plein de fraîcheur et de grâce.

L'air et les paroles qu'elle chantait respiraient une mélancolie naïve.

Bientôt, à un brusque détour de la route, Érèbe put voir sans en être vu un groupe de voyageurs ; ils venaient paisiblement aux pas de leurs montures qui gravissaient avec peine cette route escarpée.

Si la côte de Provence était souvent désolée par les pirates, l'intérieur du pays était aussi très peu sûr ; les gorges d'Ollioules, solitudes presque impénétrables, avaient mainte fois servi de refuge à des bandes de voleurs.

Érèbe ne s'étonna donc pas de voir la petite caravane s'avancer avec une sorte de circonspection militaire.

Sans doute le danger ne semblait pas imminent, car la jeune fille ne discontinuait pas de chanter, mais le cavalier qui ouvrait la marche appuyait néanmoins par précaution son mousquet à rouet sur sa cuisse gauche, et de temps à autre il avivait la mèche de son arme qui laissait derière lui un petit nuage de fumée bleuâtre.

Cet homme dans la force de l'âge, à la tournure militaire, portait un vieux buffle, un large feutre gris, un haut-de-chausse écarlate, des bottes fortes, et montait un petit cheval blanc; un couteau de chasse pendait à sa ceinture; enfin un grand lévrier noir à longs poils et à collier de cuir, hérissé de pointes de fer, marchait devant son cheval.

A trente pas environ derrière cette sentinelle avancée, venait un vieillard et une jeune fille.

Celle-ci montait une haquenée d'un noir de jais, élégamment caparaçonnée d'un chasse-mouche de soie et d'une housse de velours bleu, les bossettes d'argent reluisaient au soleil couchant; les rênes, à peine tenues par la jeune fille, tombaient négligemment sur le col de la haquenée dont le pas était si doux, si réglé, qu'il n'altérait en rien l'harmonieuse mesure des chants de la belle voyageuse.

Celle-ci portait noblement le charmant habit de cheval si souvent reproduit par les peintres du règne de Louis XIII. Sur la tête elle avait un large chapeau noir à plumes bleues, qui retombaient en arrière sur un ample col de dentelles de Flandre ; son justaucorps de taffetas gris-perle, à larges basques carrées, avait une longue jupe de même étoffe et de même couleur, jupe et corsage ornés de légers passements de soie bleu céleste, dont la pâle nuance s'assortissait à merveille à la couleur de l'habit.

Si l'on pouvait mettre en doute que le type grec ne se fût pas conservé dans toute sa pureté chez quelques familles de Marseille et de la basse Provence, depuis la colonisation des Phocéens (le reste de la population provençale rappelait davantage la physionomie ligurienne et arabe), l'aspect de la jeune fille eût servi pour ainsi dire de preuve vivante à cette transmission de la beauté antique dans toute sa splendeur primordiale.

Rien de plus suave, de plus fin, de plus pur, que les lignes de ce charmant visage ; rien de plus limpide, de plus azuré que ses grands yeux bleus, frangés de longs cils noirs ; rien de plus blanc, de plus impérial que ce front d'ivoire, où se jouaient de nombreuses boucles de cheveux châtain clair qui contrastaient délicieusement avec l'arc droit et mince de ses sourcils d'un noir de jais et veloutés ; les proportions de sa taille, fine et ronde, se rapprochaient plus de l'Hébé ou de la Vénus de Praxitèle que de la Vénus de Milo.

Tout en chantant, elle se laissait nonchalamment aller au pas mesuré de sa monture, et les voluptueuses ondulations de ce corps souple, charmant, faisaient deviner des trésors de beauté.

Son petit pied étroit et cambré, chaussé d'une bottine de Cordouan, étroitement lacée à la cheville, apparaissait de temps à autre sous les plis traînants de sa longue jupe. Enfin sa main d'enfant, gantée de chamois brodé, jouait négligemment avec une boussine destinée à hâter la marche de la haquenée.

Il serait difficile de peindre la candeur du front virginal de cette jeune fille, la gaîté sereine de ses grands yeux bleus, brillants de bonheur, de jeunesse et d'espoir, la malice naïve de son fin sourire, et surtout le regard rempli d'exquise sollicitude, de tendre vénération, qu'elle jetait quelquefois sur son père, vieillard encore robuste qui l'accompagnait.

La pétulance, l'air joyeux et hardi de ce

vieux gentilhomme, contrastaient quelque peu avec sa moustache blanche, tandis que la couleur vineuse de ses joues, un peu enluminées, annonçait qu'il n'était pas insensible à l'attrait des vins généreux de la Provence.

Un feutre noir à plume rouge, un pourpoint écarlate galonné d'argent avec un petit manteau pareil, un baudrier de soie, richement brodé, supportant une longue épée, de hautes bottes de basane blanche, à éperons dorés, témoignaient assez de la qualité de Raymond V, baron des Anbiez, chef de l'une des plus anciennes maisons de Provence, parent ou allié des hautes et illustres maisons baroniales des Castellane, des Baux, des Villeneuve, des Fraus, etc.

Le chemin que suivait la petite caravane était alors si étroit, qu'à peine deux chevaux pouvaient y marcher de front, aussi un troisième personnage se tenait à quelques pas en arrière du baron et de sa fille. Deux domestiques bien montés et bien armés fermaient la marche.

Ce troisième personnage, jeune homme de vingt-cinq ans environ, d'une taille haute et bien prise, d'une figure agréable et remplie de douceur, maniait son cheval avec grâce et portait un habit de chasse vert, galonné d'or.

Ses traits exprimaient quelquefois un indicible ravissement en contemplant mademoiselle Reine des Anbiez, qui de temps à autre retournait la tête, et, sans cesser de chanter lui jetait un charmant regard auquel le chevalier Honorat de Berrol répondait de son mieux, en fiancé éperdûment épris qu'il était.

Le baron écoutait chanter sa fille avec une joie, avec un orgueil tout paternel ; sa bonne et vénérable figure rayonnait de bonheur.

Quelquefois cependant sa félicité contemplative était un peu troublée par les brusques soubresauts de son petit cheval de la Camargue, étalon bai à longue crinière et à longue queue noire, à l'œil sournois, farouche, plein de vigueur et de feu, et qui semblait continuellement préoccupé du désir de désarçonner son maître, afin d'aller retrouver sans doute en liberté les marais solitaires et les bruyères sauvages où il était né.

Malheureusement pour les desseins de *Mis-*

traoü * (ainsi surnommé à cause de la rapidité de son allure et aussi sans doute de son mauvais caractère), le baron était excellent cavalier.

Quoique souffrant toujours des suites d'un coup de feu reçu à la hanche pendant les troubles civils, Raymond V, perché sur une de ces antiques selles qu'on nomme de nos jours selles à piquet, accueillait à bon coups de gaule * et d'éperons les velléités capricieuses de l'indomptable animal.

Mistraoü, avec cette sagacité patiente et diabolique que les chevaux poussent jusqu'au génie, après quelques vaines tentatives, avait attendu sourdement une occasion plus favorable de se défaire de son cavalier.

Reine des Anbiez continuait de chanter.

Par un caprice enfantin, elle s'amusait à jeter aux échos sonores des gorges d'Ollioules des modulations tour à tour vibrantes ou voilées qui eussent désespéré un rossignol.

* Le vent du N. O. appelé mistral ou mistraoü par les Provençaux, est un vent très impétueux et très désastreux quand il souffle : il cause souvent de grands ravages.

** L'ancienne équitation se servait de gaule au lieu de cravache.

Elle venait de faire entendre le plus brillant, le plus mélodieux arpège, lorsque tout-à-coup, devançant presque les échos, une voix à la fois douce, mâle et mélodieuse, redit le chant de la jeune fille avec une perfection incroyable. . . . .

Pendant quelques moments, ces deux voix charmantes, mises ainsi par hasard à un merveilleux unisson, furent longuement répétées par les nombreux échos de cette profonde solitude.

Reine cessa de chanter, et regarda son père en rougissant.

Le baron stupéfait se tourna vers Honorat de Berrol et lui dit avec son exclamation habituelle : — Maugour !!! chevalier, est-ce le diable qui contrefait ainsi la voix d'un ange?

Dans son premier mouvement de surprise, le baron laissa malheureusement tomber ses rênes sur le col de Mistraoü.

Depuis quelque temps l'indocile animal marchait sournoisement le pas avec une gravité, avec une sagesse digne de la mule d'un évêque, il ne se sentit pas plutôt abandonné à lui-même, qu'en deux bonds vigoureux, et avant que le barom ait eu le temps de se reconnaître, il gravit un escarpement assez rapide qui encaissait la route.

Par malheur, le cheval fit un tel effort pour escalader cette raide montée, qu'en arrivant sur son faîte il baissa brusquement la tête, les rênes lui passèrent par-dessus les oreilles, et flottèrent à l'aventure. Tout cela dura moins de temps qu'il ne faut pour l'écrire.

Le baron, excellent écuyer, quoiqu'un peu surpris par la brusque entreprise de Mistraoü, se remit en selle ; son premier mouvement fut de tâcher de ressaisir les rênes... Il ne put y parvenir.

Alors, malgré tout son courage, il frémit d'épouvante, en se voyant à la merci d'un cheval sans frein, qui se mit à s'emporter en bondissant vers les bords d'un torrent desséché.

Ce gouffre large et profond s'étendait parallèlement à la route, et n'était séparé d'elle que par un espace de cinquante pieds environ.

Emboîté dans sa selle, incapable d'en sortir par suite de sa blessure et de se jeter à terre, avant d'arriver à l'obstacle infranchissable où son cheval allait s'abîmer, le vieillard donna sa dernière pensée à Dieu, à sa fille, fit le vœu d'une messe quotidienne et d'un pélerinage annuel à la chapelle de Notre-Dame-de-la-Garde et se prépara à mourir...

De la hauteur où il s'était placé, Érèbe avait vu le danger du baron; il se trouvait séparé de lui par le lit profond du torrent, large de dix à douze pieds, vers lequel arrivait le cheval.

Par un mouvement plus rapide que la pensée, d'un bond vigoureux, presque désespéré, Érèbe franchit l'abîme, se précipita au-devant du cheval, saisit les rênes flottantes et roula sous ses pieds...

Le baron poussa un cri terrible... il crut son sauveur emporté avec lui dans le gouffre, car, malgré la douleur et l'effroi que lui causa cette violente saccade, Mistraoü ne put pas arrêter subitement l'impétuosité de son élan, et entraîna Érèbe pendant quelques pas.

Celui-ci, doué d'une force peu commune et d'un sang-froid admirable, avait, en tombant, entortillé les rênes autour de ses poignets.....
Aussi le cheval, ayant les barres brisées par le poids énorme qui y pesait, s'assit presque sur

ses jarrets, après avoir obéi à l'impulsion involontaire que lui imprimait sa vitesse.

Dix pas à peine séparaient le baron des bords escarpés du torrent, lorsque Érèbe se releva lestement, saisit d'une main le mors sanglant du cheval, et de l'autre rejeta sur le col fumant de Mistraoü les rênes qu'il offrit au vieillard.

Nous le répétons, tout ceci s'était passé si vite, que Reine des Anbiez et son fiancé, gravissant l'escarpement de la route, arrivèrent auprès du baron, sans même soupçonner l'effroyable danger qu'il venait de courir.

Érèbe, après avoir remis les rênes aux mains du vieillard, ramassa sa toque, secoua la poussière qui couvrait ses habits, rajusta sa chevelure, et, sauf le coloris inaccoutumé de ses joues, rien dans son maintien ne révélait la part qu'il venait de prendre à cet événement.

— Mon Dieu, mon père ! pourquoi avoir gravi cet escarpement ? quelle imprudence ! s'écria Reine, inquiète, mais non pas épouvantée, en sautant légèrement de sa haquenée, et sans apercevoir l'inconnu placé de l'autre côté du cheval du baron.

Puis, voyant la pâleur et l'émotion du vieillard qui descendit péniblement de cheval, la jeune fille pressentit le péril qu'avait couru le baron, et s'écria, en se jetant dans ses bras :
— Mon père, mon père, que vous est-il arrivé ?...

— Reine, mon enfant, mon enfant chérie ! dit le seigneur des Anbiez d'une voix entrecoupée, en embrassant sa fille avec effusion. — Ah ! que la mort m'eût donc été affreuse... ne plus te voir !...

Reine se retira brusquement des bras de son père, mit ses deux mains sur les épaules du vieillard et le regarda d'un air stupéfait.

— Sans lui, — dit le baron, en serrant cordialement dans ses mains la main d'Érèbe, qui s'était avancé quelque peu, et qui contemplait avec admiration la beauté de Reine. — Sans ce jeune homme..... sans son courageux dévouement, j'étais brisé dans ce gouffre.

En peu de mots, le vieillard raconta à sa fille et à Honorat de Berrol comment l'inconnu l'avait sauvé d'une mort certaine.

Plusieurs fois, pendant ce récit, les yeux bleus de Reine rencontrèrent les yeux noirs d'Érèbe ; si elle détourna lentement son regard pour le reporter ensuite sur son père avec adoration, ce ne fut pas que l'air de ce jeune homme fût hardi ou présomptueux ; au contraire, une larme brillait dans ses yeux, sa ravissante figure exprimait l'émotion la plus profonde. Il contemplait ce touchant tableau avec un noble, avec un sublime orgueil. Quand le vieillard lui ouvrit les bras, par un mouvement presque paternel, il s'y jeta avec un bonheur indicible, le pressa plusieurs fois contre son cœur, comme s'il eût été attiré vers le vieux gentilhomme par une secrète sympathie, comme si ce jeune cœur encore noble et généreux eût été au-devant des battements d'un cœur noble et généreux aussi.

Tout-à-coup Trimalcyon et Pog, qui à vingt pas de là, et du haut du rocher où ils étaient restés, avaient assisté à cette scène, crièrent à leur jeune compagnon quelques mots en langue étrangère.

Érèbe tressaillit, le baron, sa fille et Honorat de Berrol retournèrent vivement la tête.

Trimalcyon regardait la fille du baron avec une sorte de convoitise railleuse et grossière.

La physionomie étrange de ces deux hommes surprit le baron, sa fille et Honorat les observaient avec une sorte de crainte involontaire.

Un peintre habile et coloriste eût tiré parti de cette scène.

Qu'on se représente une solitude profonde, au milieu de grands rochers de granit rougeâtre, dont la cime était seulement éclairée par les derniers rayons du soleil.

Sur le premier plan, presqu'au bord du torrent desséché, le baron, entourant de son bras gauche la taille de Reine, serrait cordialement dans sa main droite la main d'Érèbe, et attachait un regard inquiet, surpris, sur Pog et Trimalcyon.

Ceux-ci, au second plan, de l'autre côté du torrent, étaient debout, côte à côte, les bras croisés, et détachaient leur silhouette caractérisée sur l'azur du ciel, qu'on apercevait en cet endroit à travers une déchirure des rochers.

Enfin, à quelques pas du baron, on voyait Honorat de Berrol, tenant son cheval et la haquenée de Reine, plus loin les deux domestiques, dont l'un s'occupait alors à rajuster le harnachement de Mistraoü.

Aux premières paroles des étrangers, les beaux traits d'Érèbe exprimèrent une sorte d'impatience douloureuse, on eût dit qu'il souffrait des ressentiments d'une lutte intérieure; sa figure, où rayonnaient naguère les plus nobles passions, s'assombrit peu à peu, comme s'il eût subi une mystérieuse et invincible influence.

Mais quand Trimalcyon, de sa voix grêle et railleuse, eut de nouveau prononcé quelques mots en indiquant Reine d'un insolent coup-d'œil, mais lorsque le seigneur Pog eut ajouté dans la même langue, inintelligible pour les autres acteurs de cette scène, sans doute quelque sanglant sarcasme, les traits d'Érèbe changèrent complètement d'expression.

D'un geste presque dédaigneux, il repoussa brusquement la main du vieillard et attacha sur mademoiselle des Anbiez un regard effronté.

Cette fois la jeune fille rougit et baissa les yeux.

Cette soudaine métamorphose dans les manières de l'inconnu fut si frappante que le baron recula d'un pas. Pourtant, après un silence de quelques secondes, il dit à Érèbe d'une voix émue : — Comment jamais reconnaître, Monsieur, le service que vous venez de me rendre ?

— Ah! Monsieur, — ajouta Reine en surmontant la singulière émotion que lui avait causée le dernier regard d'Érèbe?—Comment pourrons-nous vous prouver notre reconnaissance ?...

— En me donnant un baiser, et cette épingle pour souvenir de vous... — répondit l'audacieux jeune homme.

Il avait à peine prononcé ces paroles, que sa bouche effleura les lèvres virginales de Reine, pendant qu'il enlevait d'une main hardie la petite épingle d'argent émaillée qui attachait les revers du corsage de la jeune fille.

Après ce double larcin, Érèbe avec une agilité merveilleuse franchit d'un nouveau bond le gouffre qui était derrière lui, et rejoignit ses deux compagnons, avec lesquels il disparut bientôt derrière un bloc de rochers. . . .

. . . .

L'émotion, l'effroi de Reine furent si violents que la jeune fille pâlit, ses jambes fléchirent, et elle tomba évanouie entre les bras de son père. . . . .

Le lendemain du jour où s'était passée la scène qu'on vient de décrire, les trois Moscovites prirent congé de M. le maréchal duc de Vitry, quittèrent Marseille avec leur suite, et prirent, dit-on, la route du Languedoc.

CHAPITRE II.

LE GUETTEUR.

Le golfe de la Ciotat, situé à une distance égale de Toulon et de Marseille, se creuse entre les deux caps d'Alon et de l'Aigle. Ce dernier s'élève à l'ouest de la baie.

Les consuls de la ville de la Ciotat avaient fait bâtir au sommet de ce promontoire une logette destinée au guetteur. Cet homme, chargé de découvrir la venue des pirates barbaresques et de signaler leur approche, devait donner l'alarme sur toute la côte, en allumant un grand feu qui pouvait se voir de fort loin.

La scène que nous allons décrire se passait au pied de cette logette vers le milieu du mois de décembre 1635.

Un impétueux vent du nord-ouest, le terrible Mistraoü de la Provence, soufflait avec fureur. Le soleil, à demi voilé par de grandes masses de nuages gris, s'abaissait lentement dans les flots. Leur courbe immense, d'un vert sombre, se détachait sur une large zone de lumière rougeâtre, qui diminuait à mesure que des nuées noires, épaisses, s'étendaient à l'horizon.

Du sommet du cap de l'Aigle où se trouvait la logette du guetteur, on dominait toute l'enceinte du golfe ; les derniers escarpements calcaires des montagnes blanchâtres de Six-fours et de Notre-Dame-de-la-Garde, s'abaissant en amphithéâtre jusqu'au bord du golfe, se joignaient à de petites falaises formées d'un sable fin et blanc, qui, soulevé par le vent du midi, envahissait une partie de la côte. Un peu plus loin, sur la pente des collines, brillaient les lueurs de plusieurs fours à chaux, dont la fumée noire augmentait encore le sombre aspect du ciel.

Presque au pied du cap de l'Aigle, à l'entrée de la baie, adossée aux montagnes, on voyait à vol d'oiseau l'île Verte, et la petite ville de la Ciotat, dépendant du diocèse de Marseille et de la Viguerie d'Aix.

La ville formait à peu près un trapèze, dont la base s'appuyait sur le port. Ce port contenait une douzaine de polacres et de caravelles, chargées de vins et d'huile; elles n'attendaient qu'un temps favorable pour se rendre sur la côte d'Italie. Environ trente bateaux destinés à la pêche de la sardine, et appelés Essanguis par les Provençaux, étaient amarrés dans une petite baie du golfe nommé l'Anse de la Fontaine *. Les clochers des églises et du couvent des Ursulines rompaient seuls la monotonie des toits presque entièrement couverts en tuiles.

Sur le versant des collines qui dominaient la ville, on voyait des champs d'oliviers, quelques bouquets de chênes verts, plusieurs coteaux de vignes, et à l'extrême horizon les cimes boisées de pins de la chaîne des monts Roquefort.

Au bord oriental de la baie de la Ciotat,

---

* *Chirographie de Provence*, liv. IV, ch. IV, t. 1, p. 334. —*Statistique du département des Bouches-du-Rhône*, par le comte de Villeneuve.

entre les pointes *Carbonières* et *Des Lèques*, on distinguait d'anciennes ruines romaines appelées Torrentum ; de loin en loin, vers le nord, plusieurs moulins à vent, jetés çà et là sur les hauteurs, servaient de signes de reconnaissance aux bâtiments qui venaient mouiller dans le golfe.

Enfin, en dehors et à l'ouest du cap de l'Aigle, située presque sur le bord de la mer, s'élevait une maison fortifiée nommée *les Anbiez*, dont nous parlerons plus tard.

Le sommet du cap de l'Aigle formait un plateau de cinquante pieds de circonférence. Presque partout, on retrouvait le vif d'une roche de grès jaunâtre, bigarrée de brun ; des genêts marins, des bruyères, des cytises y croissaient çà et là ; la logette du guetteur était construite à l'abri de deux chênes à liége rabougris, et d'un pin énorme, qui depuis deux ou trois siècles bravait la furie des tempêtes.

Quoique le vent fût très-violent, quoique le promontoire fût élevé de plus de 500 pieds au-dessus du niveau de la mer, on entendait gronder sourdement le ressac des lames qui se brisaient à sa base.

La logette du guetteur, solidement construite en larges blocs de grès, était recouverte de dalles prises à la même carrière ; cette construction massive et basse pouvait seule résister aux coups de vent qui, dans les lieux élevés, sont d'une extrême violence.

La principale ouverture de cette cabane était ménagée au midi, de là on pouvait complètement découvrir l'horizon.

Près de la porte, on voyait un large et profond fourneau carré, fait d'une grille de fer posée sur des assises de maçonnerie. — Ce fourneau était continuellement rempli de sarments de vignes et de fagots de bois d'olivier, propres à produire une flamme très haute et très brillante qui devait s'apercevoir de fort loin. — L'ameublement de cette cabane était fort pauvre, à l'exception d'un bahut d'ébène sculpté, d'un très beau travail, orné d'armoiries et de croix de Malte, et qui contrastait singulièrement avec la modeste apparence de ce réduit. — Un coffre de bois de noyer contenait quelques livres de marine et de pilotage assez curieusement recherchés par les érudits de nos jours, entre autres le *Guide du vieux Lamaneur* et le *Petit flambeau de la mer;* — aux murailles recouvertes d'un grossier enduit de chaux pendaient un coutelas, une hache d'armes et un mousquet à rouet.

Deux grossières estampes enluminées représentant saint Elme, le patron des mariniers, et le portrait du grand maître de l'ordre hospitalier de Saint-Jean de Jérusalem, alors existant, étaient clouées au-dessus du bahut d'ébène ; enfin sur le sol, près du foyer où brûlait lentement un gros tronc d'olivier, une natte de joncs recouverte d'un vieux tapis de Turquie formait une assez bonne couche, car l'habitant de cette retraite isolée n'était pas indifférent à une sorte de bien-être.

Le guetteur du cap de l'Aigle examinait alors attentivement tous les points de l'horizon à l'aide d'une lunette de Galilée, ainsi qu'on nommait alors les longues-vues. Le soleil couchant traversa l'épais rideau de nuages qui le voilaient, jeta un dernier reflet qui dora le tronc rougeâtre du grand pin, les arêtes raboteuses des murs de la logette, et les angles d'un bloc de roche brune où s'appuyait le guetteur.

La figure calme, intelligente de cet homme, brilla ainsi un moment vivement éclairée.

Son teint hâlé par le vent, tanné par le soleil, était couleur de brique et çà et là profondément ridé ; le capuchon ou *traversier* de son épais caban à larges manches, cachant ses cheveux blancs, projetait une ombre portée sur ses yeux noirs et sur ses sourcils ; ses longues moustaches grises tombaient bien au-dessous de sa lèvre inférieure, et se joignaient à une large royale qui lui couvrait tout le menton.

Une ceinture de laine rouge et verte serrait ses braies de marin autour de ses hanches ; des courroies attachaient ses guêtres de cuir au-dessus de son genou ; une bourse d'étoffe assez richement brodée, suspendue à sa ceinture à côté d'un long couteau à gaîne, renfermait son tabac, tandis que son *cachimbabaoü*, ou longue pipe turque à fourneau de terre qui fumait encore, était appuyée au mur extérieur de la logette.

Depuis dix ans, Bernard Peyroü était guetteur du cap de l'Aigle, il avait été récemment élu syndic des prud'hommes pêcheurs de la

Ciotat qui tenaient leur séance les dimanches, lorsqu'il y avait matière à délibération. — Le guetteur avait servi comme patron marinier sur les galères de Malte pendant plus de vingt ans, n'ayant presque jamais quitté dans ses navigations le commandeur *Pierre des Anbiez* de la vénérable langue de Provence, et frère de Raymond V, baron des Anbiez, qui habitait sur la côte la Maison-Forte dont nous avons parlé. — A chacun de ses voyages en France, le commandeur ne manquait jamais d'aller visiter le guetteur. Leurs entretiens duraient longtemps; on remarquait que la sombre et habituelle mélancolie du commandeur augmentait après ces conversations.

— Peyroü, toujours souffrant de plusieurs blessures graves, et ne pouvant plus servir activement sur mer, avait été, à la recommandation de son ancien capitaine, choisi pour guetteur par les consuls de la ville de la Ciotat. Lorsque le dimanche il présidait le conseil des prud'hommes, un marin expérimenté le remplaçait à la logette. Doué d'un esprit juste, d'un sens droit, Peyroü, vivant depuis dix années dans la solitude, entre le ciel et la mer, avait agrandi son intelligence par la réflexion. Déjà pourvu des connaissances nautiques et astronomiques nécessaires à un commis de galère au dix-septième siècle, il avait encore augmenté son savoir en étudiant attentivement les grands phénomènes de la nature qu'il avait constamment sous les yeux.

Grâce à son expérience, à son habitude de comparer les effets et les causes, nul mieux que lui ne savait presqu'à coup sûr prédire le commencement, la durée ou la fin de différents vents qui régnaient sur la côte.

Il annonçait le calme ou la tempête ; les désastreux ouragans du *Mistraoü* *, les pluies douces et fécondantes du *Miegiou* **, les violentes tourmentes des *Labechades* ***, enfin la forme des nuages, l'azur plus ou moins vif du ciel, les teintes variées de la mer, ces bruits vagues, sourds, sans nom, qu'on entend parfois surgir au milieu du silence des éléments, étaient pour lui autant de signes évidents dont il tirait les inductions les plus certaines.

* Nord-ouest en provençal.
** Vent du sud.
*** Vent du sud-ouest.

Jamais un capitaine de bâtiment marchand, jamais un patron de barque ne mettait à la voile sans avoir consulté maître Peyroü.

Les hommes entourent presque toujours d'une sorte de superstitieuse auréole les gens qui vivent dans un profond isolement.

Peyroü subit la loi commune.

Comme ses prédictions météorologiques s'étaient presque toujours réalisées, les habitants de la Ciotat et des environs se persuadèrent bientôt qu'un homme qui connaissait si bien les choses du ciel devait ne pas être étranger aux choses de la terre.

Sans passer précisément pour sorcier, le solitaire du cap de l'Aigle, consulté dans beaucoup de circonstances graves, devint le dépositaire de beaucoup de secrets.

Un malhonnête homme aurait cruellement abusé de cette influence. Peyroü en profita pour encourager, pour soutenir, pour défendre les bons; pour accuser, pour confondre, pour épouvanter les méchants.

Philosophe pratique, il sentit que ses avis, ses prédictions ou ses menaces perdraient beaucoup de leur autorité si elles n'étaient pas entourées d'un certain appareil cabalistique ; aussi les accompagnait-il presque toujours, quoiqu'à regret, de formules mystérieuses.

Ce qui aidait merveilleusement Peyroü dans sa divination, c'était son excellente lunette de Galilée ; non-seulement il la braquait à l'horizon pour y découvrir les chebeks ou les galères barbaresques, mais encore il la promenait sur la petite ville de la Ciotat, sur les maisons isolées, sur les champs, sur les grèves ; il surprit ainsi bien des secrets, bien des mystères, dont il profita pour augmenter l'espèce de vénération craintive qu'il inspirait.

Peyroü se plaçait donc au-dessus des sorciers vulgaires par son complet désintéressement. Avait-il à soulager quelque honorable misère, il ordonnait à l'un de ses clients un peu aisés de déposer une modique offrande dans quelques endroits secrets qu'il lui indiquait, le client pauvre, averti par Peyroü, allait ensuite recueillir cette mystérieuse aumône.

Entraînés par un zèle aveugle, des prêtres du diocèse de Marseille voulurent incriminer la vie mystérieuse de Peyroü, mais la population environnante prit aussitôt une attitude si menaçante, les consuls de la Ciotat rendirent un si bon témoignage du guetteur, qu'il continua paisiblement sa vie solitaire.

Son seul compagnon dans cette profonde retraite était une aigle femelle, qui, deux années auparavant, était venue pondre dans un des *baoüs,* ou creux inaccessibles des rochers qui bordent la côte. Sans doute le mâle avait été tué, car le guetteur ne le vit pas reparaître pour apporter la curée à ses aiglons.

Peyroü donna quelque nourriture aux aiglons; peu à peu leur mère s'habitua à le voir, se priva, et l'année d'ensuite elle vint en toute confiance pondre dans un excellent nid, que Peyroü lui prépara dans une roche voisine.

Souvent l'aigle se perchait sur les branches de l'énorme pin qui ombrageait la logette du guetteur, et quelquefois même venait se promener de son pas lourd et embarrassé sur la petite plate-forme.

Ce jour-là *Brillante* (le guetteur avait ainsi nommé le noble oiseau) vint le tirer de sa rêverie; il s'abattit pesamment des branches supérieures du pin, et les ailes à demi ouvertes, il accourut près de son ami, avec ce balancement disgracieux, particulier aux oiseaux de proie si peu faits pour marcher.

Son plumage, d'un noir brun sur les ailes, était cendré et moucheté de blanc sur le corps et sur le col; ses serres formidables, qui semblaient recouvertes d'écailles épaisses et dorées, se terminaient par trois ongles et un éperon tranchant, d'une corne noire et polie....

Brillante leva vers le guetteur sa tête plate et grise, où brillaient deux grands yeux hardis, ronds, dont l'iris noir se dilatait dans une cornée transparente, couleur de topaze.

Son bec, fort et bleuâtre comme de l'acier bruni, laissait voir en s'entr'ouvrant une langue effilée d'un rouge pâle.

Sans doute pour attirer l'attention du guetteur, l'aigle mordit légèrement le bout de son soulier de cuir fauve.

Peyroü baissa la tête et caressa *Brillante,* qui, courbant le col, hérissa les plumes de son dos, en faisant entendre un petit cri rauque et entrecoupé...

Mais tout-à-coup, entendant marcher quelqu'un dans l'étroit sentier qui conduisait à la logette, l'aigle s'enleva, poussa un long glapissement, déploya ses ailes puissantes, plana un instant au-dessus du pin gigantesque, d'un seul trait de vol s'élança rapidement dans l'espace....., et bientôt ne parut plus qu'une tache noire sur le bleu foncé du ciel.

CHAPITRE III.

STÉPHANETTE.

Une jeune fille au teint doré, aux yeux noirs, aux dents blanches, au malin et gai sourire, parut et s'arrêta un moment sur le dernier degré de l'escalier de roches qui conduisait à la logette du guetteur.

Elle portait le costume si gracieux, si pittoresque des filles de Provence : un jupon brun, un corset rouge à larges basquines et à manches justes ; son petit chapeau de feutre laissait voir un élégant chignon, et de longues tresses de beaux cheveux noirs, roulés sous une sorte de réticule de soie à mailles écarlates.

Orpheline, sœur de lait de mademoiselle Reine des Anbiez, Stéphanette lui servait à peu près de fille de compagnie, et était plutôt traitée par elle en amie qu'en suivante.

Le cœur de Stéphanette était bon, dévoué, reconnaissant, sa conduite irréprochable ; elle n'avait d'autre défaut qu'une malicieuse coquetterie villageoise, qui faisait le désespoir de tous les pêcheurs et patrons de barques du golfe de la Ciotat : nous n'excepterons pas du nombre de ces intéressantes victimes le fiancé de la jeune fille, le capitaine Luquin Trinquetaille, ex-bombardier et alors capitaine de la polacre *. *La Sainte-Épouvante-des-Moresques, avec la grâce de Dieu.*

Longue et significative appellation, inscrite tout au long, sur le tableau de poupe du bâtiment du capitaine Trinquetaille.

Vaillamment armée de six pierriers, la polacre escortait à forfait les navires de la Ciotat

* *Polacre,* bâtiment en usage dans la Méditerranée. Son grément consiste en trois mâts et un bout de beaupré ; il porte les mêmes voiles qu'un navire à trois mâts à trait carré, à la différence que ses deux mâts principaux sont à *pible :* c'est-à-dire d'un seul morceau, sans hune, chonques, ni barres de perroquet.

qui, forcés par leur commerce de pratiquer souvent les côtés d'Italie, redoutaient les pirates barbaresques.

Stéphanette partageait la vénération craintive que le guetteur du cap de l'Aigle inspirait aux habitants des environs; elle s'approcha de lui, les yeux baissés, presque tremblante.

— Que Dieu vous garde, mon enfant? — lui dit affectueusement Peyroü, qui l'aimait comme il aimait tout ce qui appartenait à la famille de son ancien capitaine le commandeur des Anbiez.

— Que saint Magnus et que saint Elzéar vous assistent, maître Peyroü— répondit Stéphanette avec sa plus belle révérence.

— Merci de vos vœux, Stéphanette. Comment se porte monseigneur et mademoiselle Reine, votre jeune et bonne maîtresse? Est-elle remise de son effroi de l'autre jour?

— Oui, maître Peyroü; mademoiselle va mieux, quoiqu'elle soit encore bien pâle. Aussi a-t-on vu pareil mécréant? Oser embrasser mademoiselle! et cela, devant monseigneur et son fiancé encore! mais on dit ces gens de Moscovie si barbares! Ils sont plus sauvages et plus fils de l'Ante-Christ que le Turc, n'est-ce pas, maître Peyroü ? ils seront damnés deux fois et à double feu ?

Sans répondre à l'argumentation théologique de Stéphanette, le guetteur lui dit :— Et monseigneur ? ne se ressent-il plus de cette émotion ?

— Lui, maître Peyroü ? aussi vrai que Rosseline la sainte est au paradis, le soir même du jour où il faillit périr dans le torrent d'Ollioules, monseigneur a aussi gaîment soupé que s'il fût revenu d'un Roumevage*. Certes ! et il a bu de plus qu'à l'ordinaire deux grands coups de vin d'Espagne à la santé du jeune mécréant ! Croiriez-vous, maître Peyroü, que monseigneur ne pouvait se lasser de vanter le courage et l'agilité de ce Moscovite ? — « Eh !
« Maujour — disait monseigneur — au lieu
« de ravir épingle et baiser, comme un larron,
« que ne les demandait-il ?... Ma fille Reine
« lui eût tout donné avec un baiser, et de bon
« cœur encore !. » « Décidément, ces Mosco-
« vites sont d'étranges compagnons ! » ne cesse de répéter monseigneur depuis ce jour-là ; ce qui n'empêche pas M. Honorat de Ber-

* Fête patronale.

rol, malgré son air doux et réservé, de rougir d'indignation, quand il entend parler de ce jeune audacieux qui a ravi un baiser à sa fiancée. Mais ce qui est bien étrange, maître Peyroü, c'est que monseigneur n'a jamais voulu se défaire de ce méchant petit cheval Mistraoü, qui a été la cause de tout le mal; il le monte de préférence à tout autre : dites, maître Peyroü, n'est-ce pas tenter Dieu?

— Et ces étrangers sont partis de Marseille? — demanda le guetteur sans répondre à Stéphanette?

— Oui, maître Peyroü ; ils ont pris, dit-on, la route du Languedoc, après avoir été visiter monseigneur le maréchal de Vitry. On dit ce vieux duc si étrange et si méchant, qu'il est bien digne de connaître de pareils scélérats. Ah! si monseigneur pouvait, ce qu'il veut! le maréchal ne serait pas longtemps gouverneur de la province... M. le baron ne peut entendre parler de ce seigneur sans entrer dans des colères... des colères... dont vous n'avez pas idée, maître Peyroü.

— Si, mon enfant, j'ai vu monseigneur, lors de la révolte des Cascaveoux, agir comme avait agi son père lors de la révolte des Razats, sous Henri III, et aussi lors de la rébellion contre les Gascons du duc d'Épernon, sous le dernier règne ; oui, oui je sais que Raymond V hait ses ennemis autant qu'il aime ses amis.

— Vous avez bien raison, maître Peyroü, la colère de monseigneur contre le gouverneur a surtout augmenté depuis que ce greffier de l'amirauté de Toulon, maître Isnard, qu'on dit si méchant, visite les châteaux du diocèse par ordre de S. E. le cardinal. Monseigneur dit que cette visite est un outrage à la noblesse, et que le maréchal de Vitry est un scélérat. Entre nous, je suis assez de cet avis, puisqu'il protège des effrontés Moscovites assez audacieux pour embrasser les jeunes filles sans qu'elles s'y attendent.

— M'est avis, Stéphanette, que vous êtes bien sévère pour les jeunes gens qui embrassent les jeunes filles, — dit le vieillard avec une gravité moqueuse, — ceci prouve votre naturel sauvage et farouche; mais que voulez-vous de moi ?

— Maître Peyroü — dit la jeune fille avec un certain embarras — je voudrais savoir si le temps promet une bonne traversée pour aller à Nice? et si l'on peut partir pour ce port avec assurance?

— Vous allez donc à Nice... mon enfant?

—Non, pas moi précisément, mais un brave et honnête marin qui... que...

— Ah! j'y suis, j'y suis — dit le guetteur d'un ton mystérieux en interrompant Stéphanette qui balbutiait — il s'agit du jeune Bernard, patron de la tartane la *Sainte-Baume?*

— Mais non, maître Peyroü, je vous assure, il ne s'agit pas de lui — dit la jeune fille en devenant vermeille comme une cerise.

— Allons, allons, il ne faut pas rougir pour cela; — et le guetteur ajoute tout bas: — Et le beau bouquet de thym vert qu'il a attaché, il y a trois jours, aux barreaux de votre fenêtre avec un ruban rose? était-il de votre goût?

— Un bouquet de thym vert? de quel bouquet parlez-vous, maître Peyroü?...

Le guetteur menaça Stéphanette du doigt et ajouta: —Comment jeudi dernier, à l'heure du réveil des marjolaines*, le patron Ber-

---

* Au point du jour. — Locution provençale.

nard n'a pas apporté un bouquet sur votre fenêtre ?

— Attendez donc... attendez donc, maître Peyroü — dit la jeune fille, en ayant l'air de rappeler ses souvenirs — c'est donc cela qu'hier en ouvrant ma croisée, j'ai trouvé sur son appui quelque chose comme un paquet d'herbes desséchées ?...

— Stéphanette... Stéphanette... on ne trompe pas le vieux guetteur... Écoutez : à peine le patron Bernard était-il descendu, que bien vite vous êtes venue détacher le bouquet au ruban couleur de rose, vous l'avez mis dans un joli vase d'argile, et vous l'avez arrosé chaque matin... hier seulement vous l'avez négligé et il s'est fané...

La jeune fille contemplait le guetteur d'un air ébahi, et restait stupéfaite. Cette révélation tenait de la magie.

Le vieillard la regarda d'un air malin et continua : — Ainsi ce n'est pas le patron Bernard qui s'en va à Nice ?

— Non, maître Peyroü...

— Il faut alors que ce soit le Lamaneur Terzarol...

— Le Lamaneur Terzarol! — s'écria Stéphanette, en joignant les mains — que Notre-Dame me soit en aide! J'ignore si ce pilote doit mettre en mer?

— Allons, allons, mon enfant, je m'étais trompé sur le compte du patron Bernard, soit : car en effet vous avez laissé faner son bouquet; mais je ne me trompe pas sur Terzarol, car hier du haut de la tourelle du château vous avez passé plus de deux heures à regarder le hardi Lamaneur jeter ses filets.

— Moi, maître Peyroü? moi?

— Vous-même, Stéphanette, et à chaque beau coup de filet, Terzarol agitait son bonnet en signe de triomphe, et vous agitiez votre mouchoir en signe de félicitations... aussi il fallait voir avec quelle ardeur il jetait son tiercet*, il a dû faire une bien bonne pêche... Vous venez donc me demander si Terzarol le Lamaneur aura bonne traversée pour aller à Nice?

Pour le coup Stéphanette eut peur, en voyant le guetteur si bien instruit.

---

* Filets de pêche.

— Ah! mon Dieu, maître Peyroü, vous savez donc tout! — s'écria-t-elle naïvement.

Le vieillard sourit, secoua la tête et répondit par ce proverbe provençal : *Experienço passo scienço. (Expérience passe science)*.

La pauvre enfant, craignant que les découvertes merveilleuses du guetteur à l'endroit de ses coquetteries innocentes ne lui donnassent une mauvaise opinion d'elle, s'écria, en joignant les mains presque avec effroi, tandis que ses grands yeux devenaient humides de larmes.

— Ah! maître Peyroü, je suis une honnête fille !!

— Je le sais, mon enfant — et le guetteur lui serra affectueusement la main — je sais que vous êtes en tout digne de la protection, de l'affection que vous témoigne votre noble et bonne maîtresse. C'est par pure malice et espièglerie de jeune fille que vous vous amusez à tourner les têtes de nos jeunes gens, et à rendre jaloux ce pauvre Luquin Trinquetaille qui vous aime tant, et que vous aimez véritablement... Mais écoutez-moi, Stéphanette, vous savez le proverbe des vignerons de nos vallées : *Paou vignos et ben tengudos (aie peu de vignes et cultive-les bien).* Au lieu d'éparpiller ainsi toutes vos coquetteries, concentrez vos séductions sur un fiancé qui puisse devenir un sage et bon mari pour vous... vous vous en trouverez mieux... et puis, voyez-vous, mon enfant, ces jeunes gens sont vifs, ardents, courageux ; l'amour-propre s'en peut mêler, la rivalité s'aigrir... une rixe s'en suivre, le sang couler et alors...

— Ah ! maître Peyroü, que dites-vous là, j'en mourrais de désespoir. Tout cela, ce sont des folies, j'ai eu tort, j'en conviens, de m'amuser des œillades de Bernard et de Terzarol... mais avant tout j'aime Luquin, voyez-vous... il m'aime, nous devons nous marier le même jour que mademoiselle et M. Honorat de Berrol, monseigneur le veut ainsi... Enfin, vous qui devinez tout, maître Peyroü, vous devez bien savoir que je n'ai jamais pensé qu'à Luquin. C'est à propos de son voyage... que je venais vous consulter... Maître Talebard-Talebardon, consul de la Ciotat, envoie à Nice trois tartanes chargées de marchandises. Il a fait prix avec Luquin pour les escorter...

croyez-vous, maître Peyroü, que la traversée soit bonne? Peut-il s'en aller en mer avec assurance? n'y a-t-il pas de pirate en vue. Oh! d'abord, si les corsaires sont proches, si la tempête menace, Luquin ne partira pas.

— Oh là !... oh là, mon enfant, croyez-vous avoir cette influence sur notre intrépide bombardier? vous vous abusez, je crois : le retenir au port quand il y a du péril à en sortir.... autant vaudrait ancrer un navire avec un fil de votre quenouille !

— Oh! soyez tranquille, maître Peyroü — dit Stéphanette avec assurance — pour retenir Luquin près de moi, je ne lui parlerai ni de Labèchades *, ni des tempêtes, ni des pirates... je lui dirai seulement que je donnerai dimanche au patron Bernard un ruban de mon corset pour parer sa lance de joûteur à la Targue*, ou bien que je demanderai au Lamaneur Terzarol une bonne place à l'une des fenêtres de la maison de sa mère, pour aller avec dame Dulceline, la femme de charge de la Maison-

---

* Coups de vents du sud-ouest très-violents sur les côtes de Provence.
** Joutes sur mer.

Forte, voir la lutte et le saut de la barre sur la place de la Ciotat, alors... je vous jure, maître Peyroü, que Luquin ne sortira pas du golfe, quand même le consul Talebard-Talebardon couvrirait de pièces d'argent le pont de sa polacre.

— Voyez-vous, la fine mouche? — dit le vieillard en souriant—je n'aurais jamais pensé à ces ruses.... hélas!.... hélas! *Buoü viel fa rego drecho (vieux bœuf fait son sillon droit).* Allons allons, rassurez-vous, Stéphanette... vous n'aurez ni à dégarnir votre corset pour donner un ruban à Bernard, ni à demander une place à la fenêtre de la maison de Terzarol, le vent souffle du Ponant, s'il ne change pas au coucher du soleil et si Martin-Bouffo[*] ne dit rien demain au point du jour, Lupin pourra sortir du golfe et aller à Nice sans crainte : quant à la traversée, j'en réponds; quant aux pirates, je vais vous donner un charme d'un effet sûr, sinon pour les conjurer tout-à-fait, du moins pour les empêcher de

---

[*] Grotte très profonde située dans l'intérieur du golfe; lorsque les eaux s'y engouffrent avec bruit, c'est signe de tempête prochaine. — *Chorographie de Provence.*

s'emparer de *La Sainte-Épouvante-des-Moresques, avec la grâce de Dieu.*

— Ah! que de reconnaissance, maître Peyroü, dit la jeune fille en aidant le vieillard à se lever, car il marchait assez péniblement.

Celui-ci alla dans sa logette, y prit un petit sachet recouvert de signes cabalistiques et le remit à Stéphanette, en lui recommandant d'ordonner à Luquin de se conformer scrupuleusement aux instructions qu'il y trouverait.

— Que vous êtes bon, maître Peyroü, comment reconnaître?...

— En me promettant, mon enfant de laisser désormais les bouquets de Bernard sécher aux barreaux de votre fenêtre; alors, croyez-moi, il ne s'en retrouvera plus. Car un bouquet qu'on arrose en fait pousser d'autre... Ah!... il faut aussi me promettre de ne pas trop encourager la pêche de Terzarol le Lamaneur... pour vous plaire, il détruirait tout le poisson de la baie. Il finirait par être appelé devant le conseil des prud'hommes pêcheurs... et je serais obligé de le condamner... A propos, où en est la discussion de monseigneur et des consuls sur le droit de pêche dans l'Anse...

Raymond V y a-t-il toujours des madragues?

— Oui, maître Peyroü, il ne veut pas les retirer, il dit que le droit de pêche lui appartient jusqu'aux rochers de Castrembaoü, et qu'il ne cèdera ce droit à personne.

— Écoutez, Stéphanette, votre maîtresse a l'oreille de son père, tâchez donc qu'elle lui conseille de s'arranger à l'amiable avec les consuls, cela vaudrait mieux pour tous.

— Oui, maître Peyroü, soyez tranquille, j'en parlerai à mademoiselle Reine.

— Bien, mon enfant, allons, adieu! surtout plus de coquetteries, me le promettez-vous?

— Oui, maître Peyroü... seulement...

— Eh bien! dites.

— Seulement voyez-vous, maître Peyroü, je ne voudrais pas désespérer tout-à-fait, Bernard et Terzarol, non à cause de moi... Notre-Dame!! mais à cause de Lupin... car il faut bien que j'aie toujours un moyen de le retenir dans le port, en cas de grands... mais de très grands dangers, n'est-ce pas, maître Peyroü? et pour cela, la jalousie vaut mieux que toutes les ancres de son navire!

— C'est juste — dit le guetteur en souriant avec malice — il faut avant tout penser à Luquin...

La jeune fille baissa les yeux, et sourit, puis elle reprit : — Ah ! j'oubliais, maître Peyroü, de vous demander si vous croyez que M. le commandeur et le révérend père Elzear seront arrivés ici pour les calênos de la Noël*, comme monseigneur l'espère ? Il a tant hâte de revoir ses deux frères ? savez-vous que voilà deux Noëls qui se fêtent sans eux à la Maison-Forte ?

Au nom du commandeur, la physionomie du guetteur s'assombrit tout-à-coup et prit une expression de mélancolie profonde.

— Si Dieu exauce le plus ardent de mes vœux, mon enfant, ils arriveront tous deux ; mais, hélas ! le père Elzear est allé racheter des captifs à Alger, en digne et courageux frère de la Merci, et la foi des barbaresques est bien perfide.

— Hélas ! oui, maître Peyroü, sa révérence

---

* Le jour de Noël est en Provence une des plus grandes fêtes de l'année. — On appelle calènos des présents de fruits et de poissons qu'on se fait à cette époque.

le père Elzear ne l'a que trop éprouvé quand il a été retenu pendant plus d'un an au bagne parmi les esclaves !!! à son âge.... tant souffrir !!!

— Et cela sans se plaindre... sans que son adorable bonté ait été altérée en rien...

— A propos de cela, maître Peyroü, pourquoi donc la galère de M. le commandeur au lieu d'être blanche et or comme les vaillantes galères du roi ou de monseigneur le duc de Guise, est-elle toujours peinte en noir, comme un cercueil? Pourquoi donc ses voiles et ses mâts sont-ils noirs aussi? En vérité, rien n'est plus lugubre... et ses mariniers?... et ses soldats? ils ont l'air dur et sévère comme des moines espagnols; après tout cela n'est pas étonnant, M. le commandeur a lui-même toujours l'air si triste... son visage pâle ne se déride jamais qu'une fois... c'est lorsque en arrivant à la Maison-Forte, il embrasse monseigneur et ma jeune maîtresse... et encore, mon Dieu! quel sourire mélancolique! c'est étrange, n'est-ce pas, maître Peyroü? d'autant plus que Luquin me disait l'autre jour que lorsqu'il servait comme bombardier à bord de *la Guisarde,* galère de monseigneur l'amiral, ès-mers du Levant, maintes fois il a vu à Naples des commandeurs et des capitaines de Malte qui, malgré la sévérité de leur ordre, étaient joyeux comme les autres officiers.

Depuis quelques moments le guetteur ne semblait plus entendre la jeune fille, bientôt il tomba dans une méditation profonde, baissa la tête sur sa poitrine, et répondit d'un geste de main affectueux aux adieux de Stéphanette...
— Quelques moments après le départ de la jeune fille, il alla dans sa logette, ouvrit le meuble d'ébène sculpté qui s'y trouvait, poussa le secret d'un double fond et y prit une petite cassette d'argent ciselé ; une croix de Malte damasquinée ornait son couvercle. Il regarda longtemps ce coffret avec une douloureuse attention : cette vue semblait éveiller en lui de cruels souvenirs... puis, s'étant ainsi assuré que ce mystérieux dépôt était bien intact, il ferma les portes du meuble, et revint tout rêveur s'asseoir à la porte de sa cabine...

CHAPITRE IV.

LES FIANCÉS.

Stéphanette avait quitté le guetteur d'un pas léger ; elle allait abandonner l'esplanade, lorsqu'elle vit apparaître aux dernières marches de l'escalier la longue figure du capitaine Luquin Trinquetaille.

D'un signe impératif la jeune fille lui ordonna de s'en retourner par où il était venu.

Le marin montra une soumission exemplaire ; il s'arrêta, fit volte-face avec une prestesse et une précision digne d'un grenadier allemand, et descendit gravement les marches qu'il venait de monter.

Ce rendez-vous était-il convenu entre les

deux fiancés? Nous l'ignorons ; toujours est-il que Stéphanette, précédée de son obéissant adorateur, descendit avec une légèreté de gazelle la rampe étroite et tortueuse qui l'avait conduite à la logette du guetteur.

Plusieurs fois Luquin tourna la tête pour tâcher d'apercevoir le bout d'une jambe fine et le petit pied qui arpentait si agilement les blocs de rochers inégaux ; mais Stéphanette, d'un geste menaçant et d'une dignité royale, arrêta la curiosité de l'ex-bombardier. Celui-ci se vit donc forcé de précipiter sa marche pour obéir à ces paroles vivement et souvent répétées.

— Mais avancez donc, Luquin, mais avancez donc !

Pendant que les deux amants descendent les escarpements du cap de l'aigle, nous dirons quelques mots du capitaine Luquin Trinquetaille.

C'était un robuste garçon de trente ans environ, brun, hâlé, d'une figure mâle et hardie, à l'air ouvert, résolu et quelque peu fanfaron ; il portait un costume qui rappelait à la fois le marin et le soldat, un buffle et de larges chausses à la provençale, serrées autour de sa taille par le ceinturon de son petit sabre, à lame recourbée.

Le froid étant assez vif, il avait sur son buffle un caban brun, dont les coutures étaient brodées en laine rouge et bleue, et dont le capuchon ou traversier, couvrant à demi son front, laissait voir une forêt de cheveux noirs et bouclés.

Parvenue au pied de la montagne, Stéphanette, malgré son agilité, sentit le besoin de se reposer un peu.

Luquin, ravi de cette occasion qui lui offrait un tête-à-tête, chercha soigneusement une belle place où sa fiancée pût être commodément assise.

Lorsqu'il l'eut trouvée, il ôta galamment son caban, l'étala sur le roc, de façon à ce que Stéphanette eût une sorte de siége à dossier, puis, croisant ses deux mains nerveuses sur le bout de son haut bâton, et appuyant son menton sur ses mains, il contempla Stéphanette avec une sorte d'adoration calme et heureuse.

Lorsque les mouvements moins précipités du corsage de Stéphanette annoncèrent qu'elle se remettait quelque peu de la rapidité de sa course, elle dit à Luquin, avec l'air capricieux d'un enfant gâté, et en femme sûre de sa domination despotique :

— Pourquoi, monsieur Luquin, vous êtes-vous permis de me venir chercher à la logette du guetteur, quand je vous avais prié de m'attendre au pied de la montagne ?

Tout occupé d'admirer Stéphanette, à qui sa marche hâtée avait donné les plus brillantes couleurs, Luquin ne répondit pas.

— A-t-on vu ! pareille chose — s'écria la jeune fille en frappant avec impatience la terre de son joli pied ! — Mais savez-vous ce que je vous dis, monsieur Luquin ?

— Non — dit le capitaine sortant de sa contemplation — tout ce que je sais, c'est que de Nice à Bayonne, de Bayonne à Calais, de Calais à Hambourg, de Hambourg à...

— Avez-vous bientôt fini cette navigation européenne, monsieur Luquin ?

— C'est qu'enfin, d'un pôle à l'autre il n'est pas une plus jolie fille que vous, Stéphanette.

— Comment, c'est pour arriver à cette découverte que vous avez fait une si grande traversée, monsieur le capitaine ? Je plains les armateurs *de la Sainte-Épouvante des Moresques par la grâce du Seigneur*, si les voyages de cette pauvre vieille polacre n'ont pas de plus intéressants résultats.

— Ne dites pas de mal de ma polacre, Stéphanette ; vous serez bien aise de voir son pavillon bleu et blanc se déployer à son antenne* lorsque j'arriverai de Nice, et que vous guetterez mon retour du haut de la tourelle de la Maison-Forte.

La fatuité de Luquin révolta la dignité de Stéphanette ; elle répondit d'un air ironique :

— Allons, allons, je vois que le guetteur du cap de l'Aigle sera bientôt inutile. Toutes jeunes filles qui attendent avec impatience le retour de M. le capitaine Trinquetaille, et tous les jaloux qui attendent son départ, les yeux fixés sur la mer, suffiront pour faire le guet, et découvrir au loin les pirates... Il n'y aura plus à craindre ainsi les descentes des corsaires.

Luquin prit un air modestement triomphant et dit :

---

* Pavillon des bâtiments de commerce. — Les seuls bâtiments de guerre portaient le pavillon blanc.

— Par saint Étienne, mon patron, je suis trop sûr et trop heureux de votre amour, Stéphanette, pour me faire attendre ou regretter par d'autres jeunes filles, et quoique Roson, la fille du mercier de l'Ange-gardien, à La Ciotat, soit semblable à la fleur dont elle porte le nom, et qu'elle me dise souvent...

— Eh! mon Dieu! merci de vos confidences, monsieur Luquin — dit Stéphanette avec une jalouse impatience qu'elle tâcha de dissimuler; — si je vous racontais aussi tout ce que me disent le patron Bernard et maître Terzarol, cela durerait jusqu'au soir.

En entendant prononcer le nom de ces deux rivaux, le capitaine Luquin fronça le sourcil, et s'écria :

— Foudre du ciel ! si je savais que ses deux drôles osassent seulement regarder autre chose que la pointe de leurs souliers quand vous passez... je ferais de l'un une figure d'avant pour ma polacre, et de l'autre une girouette pour mon grand mât! Mais non, ils savent que Luquin Trinquetaille est votre fiancé, et ce nom-là rime trop bien avec bataille, pour qu'ils s'avisent de se jouer à moi...

— Allons, allons, beau matamore — reprit Stéphanette, se rappelant les avis du guetteur, et craignant d'exciter trop vivement la jalousie de l'inflammable capitaine—si Bernard et Terzarol me parlent si longtemps, c'est que je ne leur réponds pas ; on sait trop que je me suis affolée du plus méchant diable de La Ciotat... Mais tenez, voici ce que m'a remis pour vous maître Peyroü. Lisez cela, et faites surtout ce qu'il vous ordonne. Il est tard, le soleil baisse, le froid devient vif, rentrons à la Maison-Forte ; mademoiselle pourrait être inquiète.

Les deux fiancés hâtèrent le pas, et tout en marchant Trinquetaille lut les instructions suivantes, données par le guetteur.

« — Tous les matins au lever du soleil, le
« capitaine changera la charge de ses canons
« et mettra sur la balle une des mouches rou-
« ges qui sont jointes à ce papier.

« — Après avoir fait une double croix sur
« la balle avec le pouce de la main gauche.

« — Du lever au coucher du soleil des gour-
« mettes* se relèveront pour aller de guet au

---

* Mousses.

« haut du mât, ils regarderont toujours vers
« l'orient et le sud, et de cinq minutes en
« cinq minutes ils diront *Saint-Magnus.*

« — On rangera sur la poupe, trois par
« trois et la pointe en bas, les épées et les has-
« segaies.

« — A droite du pont les mousquets aussi
« trois par trois.

« — Le jour du départ, au lever de la lune,
« on apportera sur le pont un vase rempli
« d'huile, on y jettera sept grains de sel, en
« disant, à chaque grain de sel, *Saint-Elme* et
« *Saint-Pierre.*

« — On laissera le vase sur le pont jusqu'au
« coucher de la lune. A ce moment on le re-
« couvrira avec un voile noir sur lequel on
« écrira avec du vermillon *Syrakoë.* De cette
« huile on frottera, chaque matin au soleil
« levant, les armes et les rouets des mous-
« quets. »

Le capitaine Trinquetaille s'interrompit à
cet endroit de sa lecture et dit à Stéphanette :
— Par Saint-Elme, Martin Peyroü est sorcier... Il y a trois mois, si j'avais eu ces mouches rouges de papier magique, au lieu de res-

ter muet sur leurs pivots quand j'approchai la mèche, mes pierriers auraient vertement riposté à ce chebeck tunissien qui vint surprendre notre convoi et qu'on n'aperçut que lorsqu'il fut presque sur nous...

— Mais vos vigies, Luquin, ne guettaient donc pas au loin ?

— Non, et s'ils avaient guetté en disant toujours *Saint-Magnus* tous les cinq minutes, comme le dit maître Peyroü dans sa sorcellerie, bien certainement la vertu de saint Magnus eût empêché les pirates d'approcher sans être vus.

— Et cette huile magique pour les mousquets, Luquin, en auriez-vous fait usage ?

— Sans doute, ce jour fâcheux où mes pierriers ne partirent pas, j'aurais donné toute l'huile qui brûle dans la lampe éternelle de la chapelle de Notre-Dame-de-la-Garde pour une goutte de cette huile aux sept grains de sel et au couvercle subinscrit de ce mot formidable *Sirakoë*.

— Comment cela, Luquin ?

— Mon artillerie était inutile, je voulus aborder le chebeck à l'arme blanche à grand renfort de mousquetades.... mais un méchant sort voulut que les armes fussent restées en bas, et que les batteries des mousquets fussent rouillées, vous voyez donc, Stéphanette, que si on eût rangé cabalistiquement les armes trois par trois sur le pont, et qu'on eût oint la batterie des mousquets de cette huile miraculeuse de Syrakoë, nous aurions pu résister, et peut-être prendre le chebeck pirate au lieu de fuir devant lui comme une nuée de passereaux devant un épervier!

On a déjà sans doute remarqué que sous ces formules mystérieuses et cabalistiques le guetteur du cap de l'Aigle donnait les meilleurs avis pratiques, et cherchait à remettre en vigueur d'excellentes précautions nautiques, tombées en désuétude par incurie ou par négligence.

Ainsi les mouches rouges, mises chaque matin sur les boulets avec un triple signe de croix, avaient sans doute une vertu fort négative; mais, pour faire cette opération magique, il fallait nécessairement changer chaque matin la charge de l'artillerie, souvent avariée par l'eau de la mer, dont les vagues balayaient le pont pendant les gros temps; dans ce cas, la poudre humide ne prenait pas feu, et le secours des pierriers devenait nul.

Le conseil du guetteur, exactement suivi, empêchait donc ces graves inconvénients.

Il en était de même pour l'huile de Syrakoë, pour les cris de *Saint-Magnus* poussés par les vigies, et pour le nombre *trois* affecté au classement des armes sur le pont.

En regardant vers l'orient et le sud, points de croisière des pirates, les vigies devaient les signaler.

En s'astreignant à invoquer saint Magnus toutes les cinq minutes, elles ne risquaient pas de s'endormir sur les gabies.

Enfin il était très important d'avoir toujours sur le pont des armes prêtes et en bon état ; le guetteur ordonnait donc qu'elles fussent rangées trois par trois, et soigneusement enduites de l'huile magique de Syrakoë qui les mettait parfaitement à l'abri des intempéries de l'air, en les préservant de la rouille.

Nous le répétons, le solitaire du cap de l'Aigle eût simplement donné ces recommandations que sans doute elles eussent été négligées, oubliées. En les formulant d'une façon mystérieuse et cabalistique, il en assurait presque l'exécution.

Après s'être de nouveau extasiés sur la science et sur la sagacité du guetteur, Luquin et Stéphanette arrivèrent près de la Maison-Forte. Malgré son esprit moqueur et enjoué, la jeune fille sentit son cœur se serrer douloureusement, en faisant ses adieux à son fiancé qui partait le lendemain au point du jour. Des larmes voilèrent son regard toujours si malin et si gai, elle tendit la main à Trinquetaille, et lui dit d'une voix émue :

— Adieu, Luquin ; chaque matin et chaque soir je prierai le Seigneur, pour qu'il vous garde de toute méchante rencontre.... Ah! mon Dieu...... quand abandonnerez vous donc ce périlleux métier qui me donne toujours des transes nouvelles?

— Quand j'aurai assez de bien pour que mademoiselle* Trinquetaille puisse n'avoir rien à envier aux plus riches bourgeoises de la Ciotat.

— Pouvez-vous parler ainsi, Luquin? — dit la jeune fille, avec un accent de tendre repro-

---

* Les femmes nobles étaient seules appelées *madame*.

che, en essuyant les larmes qui baignaient ses yeux. — Que me fait à moi la parure et un peu plus ou un peu moins d'aisance.... Irez-vous pour cela risquer chaque jour votre vie?

— Soyez tranquille, Stéphanette, les avis du guetteur du cap de l'Aigle ne seront pas perdus : avec l'aide de saint Magnus et de l'huile magique de Syrakoë, je défierais tous les pirates de la régence... Mais, adieu... Stéphanette, adieu, et pensez à Luquin.

Ce disant, le digne capitaine serra dans sa main vigoureuse les blanches mains de Stéphanette, et s'en alla brusquement de peur de laisser paraître une émotion qu'il voulait cacher, comme si elle eût été indigne de lui.

La jeune fille suivit son fiancé du regard autant qu'elle le put, et regagna tristement la Maison-Forte de Raymond V, baron des Anbiez, où elle arriva à la nuit tombante.

CHAPITRE V.

LA MAISON-FORTE.

La Maison-Forte, ou château des Anbiez, s'élevait au bord de la mer. Dans les gros temps les vagues venaient battre le pied d'une sorte de terrasse ou rempart qui s'avançait assez sur la côte pour protéger l'entrée du port de la Ciotat et une petite anse où on voyait mouillés quelques bateaux pêcheurs et la tartane de plaisance de Raimond V, baron des Anbiez.

L'aspect du château n'offrait rien de remarquable; bâti vers le milieu du quinzième siècle, il était d'une architecture ou plutôt d'une construction massive. Deux tours à toit pointu flanquaient le corps-de-logis principal exposé au midi et donnant sur la mer. Ses épaisses murailles, bâties de grès et de granit, étaient d'un gris rougeâtre et irrégulièrement percées de quelques rares fenêtres ressemblant à des meurtrières.

Les seules croisées d'une galerie qui traversait, au premier étage, le château dans toute sa longueur, étaient grandes et cintrées.

Trois d'entre elles s'ouvraient sur un balcon orné d'une assez belle grille de fer forgé, au milieu de laquelle étaient ciselées les armoiries du baron, armoiries qui se retrouvaient encore sur l'entablement de la porte principale.

Un perron de quelques marches descendait à la terrasse.

Les nécessités des guerres civiles et religieuses de la fin du dernier siècle et la crainte incessante des pirates avaient changé en remparts armés et crénelés cette terrasse, qui était parallèle à la façade du château et rejoignait le pied des tourelles par deux retours à angles droits.

Quelques vieux orangers au tronc noir et à feuilles luisantes témoignaient encore de l'ancienne destination de cette esplanade, autrefois un riant parterre, mais deux guérites de védettes, quelques parcs à boulets, huit fauconneaux, deux pièces de quatre sur leurs affûts et une longue coulevrine à assiette tournante montraient que la Maison-Forte du baron des Anbiez était en bon état de défense.

La position de ce château était d'autant plus importante que la petite baie qu'il commandait était, ainsi que le golfe de la Ciotat, le seul endroit où les bâtiments pussent mouiller, le reste de la côte n'offrant que des rochers inabordables.

La façade du château des Anbiez, qui regardait le nord et la terre, offrait un coup-d'œil assez pittoresque.

Quelques bâtiments irréguliers, ajoutés à l'édifice principal, selon les différents besoins des propriétaires successifs, rompaient la monotonie de ses lignes.

Les écuries, le chenil, les bergeries, les communs, le logement des laboureurs et des métayers, formaient l'enceinte d'une espèce de cour immense, plantée de deux rangs de sicomores, à laquelle on arrivait par un pont-levis jeté sur un large et profond fossé.

Ce pont se retirait chaque soir, et une forte porte de chêne solidement étayée à l'intérieur mettait la petite colonie en sureté pour la nuit.

Toutes les fenêtres de ces bâtiments s'ouvraient sur la cour, à l'exception de quelques lucarnes solidement grillées qui donnaient sur la campagne.

La Maison-Forte et ses dépendances contenaient environ deux cent cinquante personnes, tous domestique, métayers, laboureurs ou bergers.

Parmi eux, on trouvait une soixantaine d'hommes de l'âge de trente à cinquante ans, dont la plupart avaient été habitués au maniement des armes pendant les guerres civiles auxquelles l'impétueux baron avait souvent pris part.

Royaliste et catholique, Raymond V avait toujours monté à cheval lorsqu'il s'était agi de défendre contre les gouverneurs ou contre leurs délégués les anciennes franchises et les droits acquis de la Provence, dont les rois de France n'étaient pas rois, mais *Comtes*.

Les intendants de justice ou les présidents

des cours, toujours chargés de recueillir les impôts et d'annoncer aux états assemblés le taux des dons volontaires que la Provence devait offrir au souverain, étaient presque toujours les premières victimes de ces révoltes contre l'autorité royale, faites aux cris de : Vive le roi.

Dans ces circonstances, le vieux Raymond V était des premiers à s'insurger. Lors des dernières rebellions de Cascaveoux* qui avaient

---

* On parlait dans toute la Provence du mal que les nouveaux impôts allaient y causer, impôts qui taxaient non-seulement les biens immeubles, mais les meubles et jusqu'au travail des artisans. Un chacun disait qu'il fallait s'opposer à une nouveauté pernicieuse ; et comme de bouche en bouche l'on disait : *Mais qui commencera à sonner la clochette?* il y en eût quelques-uns qui attachèrent une sonnette, en langage provençal *cascaveou*, au bout d'une courroie de cuir, et faisant amas d'un très grand nombre de ces sonnettes, marquées au bout de la courroie du cachet en cire d'Espagne de celui qui était le chef de la compagnie, ils en donnèrent à ceux qui voulurent se joindre à eux, à charge que, partout où ils entendraient parler d'élections et d'élus, ils fissent grilleter leurs cascaveoux en criant *vive le roi, fuoro eleus*, d'où la dérivation des noms de cascaveoux donnés à tous ceux qui firent en ce temps-là quelques remuements en Provence. Daubray, intendant de la justice à Aix, première victime, avait transféré la chambre des comptes d'Aix à Toulon. On y envoya le prince de Condé et toute la noblesse de Provence. Bouche, vol. IV, liv. 12.

eu lieu deux années auparavant, nul n'avait crié d'une voix plus retentissante *vive le roi*, *Fuoro Eleus !!* nul n'avait plus bruyamment agité et fait agiter par les siens la clochette qui servait de signal aux révoltés.

En cela le baron se montrait le digne fils de son père Raymond IV, un des gentilshommes les plus gravement compromis dans la rébellion des *Razats* * qui éclata sous Henri III en 1578, et qui fût difficilement comprimée par M. le maréchal de Retz.

Le baron voyait impatiemment l'omnipotence du cardinal de Richelieu s'accroître aux dépens de l'autorité royale et le souverain disparaître dans l'ombre du premier ministre.

Quelques mouvements s'étaient manifestés

---

* Le comte de Carces, étant grand sénéchal de Provence, donna une telle liberté aux gens de guerre pour l'exaction des deniers, qu'ils faisaient de grandes concussions partout où ils logeaient, et emportaient les biens des habitants partout où ils passaient ; d'où est venu le nom de *Razats* à ces pauvres spoliés de leurs biens, comme si le rasoir eût passé sur leur chef, par ceux qui était employés par le comte de Carces, ou d'un autre nom barbare *Marabez* ou *Maraboux*, nom que j'ai ouï attribuer de mon temps en Provence à des hommes cruels et sauvages. *Histoire de Provence*, liv. x., pag. 667, Honoré Bouche, in-f°, vol. I.

en Languedoc et en Provence, en faveur de Gaston d'Orléans, frère de Louis XIII, que la faction royaliste opposait au cardinal.

Nul doute que, sans l'appréhension que causaient les pirates sur la côte, le baron n'eût pris une part active à ces menées; mais obligé, de concentrer ses forces pour défendre sa maison et ses propriétés, il se contenta de déclamer, violemment contre le cardinal, surtout depuis que celui-ci eut donné à M. le maréchal de Vitry le gouvernement de la Provence.

Ces importantes fonctions avaient jusqu'alors été remplies par M. le duc de Guise, amiral du Levant, qui, à la grande joie des Provençaux, et après maintes traverses, avait remplacé le duc d'Epernon.

Le vieil ours fut ainsi dévoré par le jeune lion, dit à ce sujet César de Nostradamus, en célébrant la nomination du jeune prince lorrain à ce poste important.

Lorsque M. de Vitry fut promu au gouvernement de la Provence, la noblesse fit éclater son indignation; car c'était à peine si un membre de la maison de Lorraine lui avait semblé digne de remplir cette dignité, ordinairement réservée à un prince du sang.

A propos de M. Louis Galluccio de l'Hospital, Marquis, puis duc de Vitry, et pour donner une idée des façons de voir si différentes selon les temps et les mœurs, on fera remarquer que le cardinal de Retz, sans blâmer autrement M. de Vitry d'avoir été l'un des meurtriers du maréchal d'Ancre, dit simplement de lui : « Il
« avait peu de sens, mais il était hardi jus-
« qu'à la témérité, et l'emploi qu'il avait *eu*
« *de tuer* le maréchal d'Ancre lui avait donné
« dans le monde *un certain air d'affaire et*
« *d'exécution.* »

Le baron des Anbiez, malgré ses velléités d'indépendance et de rébellion, était le meilleur, le plus généreux des hommes.

Adoré des paysans de ses domaines, révéré des habitants de la petite ville de la Ciotat, qui l'avaient toujours trouvé prêt à diriger leurs forces, et à les aider de tout son pouvoir à se défendre contre les pirates, il exerçait une véritable influence dans les environs.

Enfin, sa vigoureuse opposition à quelques ordres de M. de Vitry, qui lui semblaient porter atteinte aux franchises de la Provence, avait été généralement et hautement approuvée dans le pays.

Lorsque Stéphanette revint à la Maison-Forte, le soleil était sur le point de se coucher. Le premier soin de la jeune fille fut de se rendre auprès de mademoiselle Reine des Anbiez.

Celle-ci occupait habituellement un cabinet situé au premier étage d'une des tourelles du château.

Cette pièce, de forme ronde, lui servait de cabinet d'étude, et était meublée avec un soin et une recherche extrêmes.

Le baron, idolâtre de sa fille, avait consacré, à cet arrangement intérieur, une somme assez considérable; les murailles circulaires disparaissaient sous une riche tapisserie flamande, fond vert, à dessins plus foncés, rehaussés d'un fil d'or.

On remarquait, entre autres meubles, une bibliothèque de noyer curieusement sculptée dans le goût de la renaissance, et incrustée de mosaïques de Florence.

Un riche et épais tapis turc couvrait le plancher; les intervalles qui séparaient les poutrelles du plafond étaient d'un bleu d'azur, semés d'arabesques d'or d'un travail assez délicat.

Une lampe d'argent était suspendue à la maîtresse poutre par une chaîne aussi d'argent. La forme de ces lampes, encore usitées dans quelques villages de Provence, était très simple ; elles se composaient d'un carré de métal, dont les bords, relevés à un pouce de hauteur, contenaient l'huile, et formaient à chaque angle une sorte de bec, d'où sortaient les mèches.

Enfin, sur une table à pieds tors, placée dans la profonde embrasure de la fenêtre, on voyait un luth, un théorbe, et quelques ouvrages de tapisserie commencés.

Deux portraits, l'un de femme, l'autre d'homme, portant le costume du règne de Henri III, étaient placés au-dessus de cette table, et obliquement éclairés par de petits vitraux en châssis de plomb, qui garnissaient l'étroite et longue croisée.

Enfin, pour remédier au manque de cheminée, on voyait, dans un coin de cette pièce, un large brasier de cuivre assez curieusement ciselé, et supporté par quatre griffes massives. Il contenait un lit de cendres et de braises ardentes, où fumaient quelques brindilles de genets odoriférants.

Reine des Anbiez portait une robe de gros de tour brune un peu traînante, à manches et à corsage justes ; ses beaux cheveux châtains étaient renfermés dans une résille de soie pourpre.

Lorsque Stéphanette entra chez sa maîtresse, elle trouva celle-ci dans un état d'agitation extraordinaire : ses joues étaient colorées ; ses traits exprimaient la surprise, presque la frayeur.

Reine prit vivement sa camériste par la main, la conduisit près de la table, et lui dit :
— Regarde !

L'objet qu'elle désignait à l'attention de Stéphanette était un petit vase de cristal de roche.

De son col élégant et allongé sortait une sorte de lys orange foncé, dont le calice d'un bleu d'azur laissait voir de flexibles pistils d'un blanc d'argent, cette brillante fleur exhalait une odeur délicieuse et comparable aux senteurs mélangées de la vanille, du citron et du jasmin.

Stéphanette joignit les mains avec admiration, et s'écria :

— Ah ! Mademoiselle, la belle fleur ! Est-ce donc un présent de M. le chevalier de Berrol ?

Au nom de son fiancé, Reine rougit et pâlit tour à tour ; puis, sans répondre à Stéphanette, elle prit le vase avec une sorte d'effroi, et lui montra une petite figure émaillée qui s'y trouvait ; cet émail représentait une colombe blanche au bec rose, ayant les ailes étendues, et tenant entre ses pattes purpurines un rameau d'olivier.

— Notre Dame ! — s'écria Stéphanette avec effroi — c'est le portrait de l'épingle d'émail que ce jeune mécréant vous a dérobée dans les roches d'Ollioules, après qu'il a eu sauvé la vie de monseigneur !

— Et qui a pu apporter ici ce vase et cette fleur ? — demanda Reine en secouant la tête d'un air effrayé.

— Vous l'ignorez donc, Mademoiselle !

Reine fit, en pâlissant, un signe de tête affirmatif.

— Sainte Vierge, il y a de la sorcellerie, — s'écria Stéphanette en remettant vivement le vase sur la table, comme s'il lui eût brûlé la main.

Reine, contenant à peine son émotion, lui dit :

— Tantôt j'étais sortie pour voir mon père monter à cheval; je me suis promenée jusqu'à la nuit dans la grande allée du pont-levis; en rentrant ici, j'ai trouvé cette fleur sur cette table... Mon premier mouvement a été de croire, comme toi, qu'elle m'avait été apportée ou envoyée par M. de Berrol, quoique dans cette saison froide cette fleur m'eût paru une merveille, j'ai demandé si le chevalier était venu à la Maison-Forte : on m'a répondu que non ; d'ailleurs j'avais sur moi la clé de cet appartement.

— Mademoiselle,... mais c'est alors bien vraiment de la magie !

— Je ne sais que penser !... En examinant plus attentivement ce vase, j'ai remarqué l'empreinte émaillée représentant l'épingle que.....

Reine ne put achever.

Les mouvements précipités de son sein trahissaient la violente émotion que lui causait le souvenir de cette étrange journée, dans laquelle l'étranger avait osé approcher ses lèvres des siennes.

— Il faut consulter M. le chapelain ou le guetteur, Mademoiselle ! — s'écria Stéphanette.

— Non... non ; tais-toi... N'ébruitons pas ce mystère qui m'effraie malgré moi ; attendons... Épie bien les environs de cet appartement, peut-être découvrirons-nous quelque chose.

— Mais cette fleur ! mais ce vase ! Mademoiselle !

Pour toute réponse, Reine jeta la fleur dans le brasier.

On eût dit que la pauvre plante se tordait douloureusement sur les charbons ardents; le léger sifflement produit par la partie aqueuse de la tige qui s'épanchait, semblait autant de petits cris plaintifs.

Bientôt tout fut en cendres.

Reine ensuite ouvrit la fenêtre qui donnait sur l'esplanade, et lança en dehors le flacon de cristal ; il se brisa en éclats sur le parapet, ses débris tombèrent dans la mer.

A ce moment on entendit des pas lourds et éperonnés retentir sur les dalles de l'escalier; la voix un peu rauque de Raymond V appela joyeusement sa fille pour venir voir : —ce démon de Mistraoü !

— Pas un mot de ceci à mon père — dit Reine à Stéphanette, en mettant un doigt sur ses lèvres.

Et elle descendit à la rencontre du bon vieux gentilhomme.

CHAPITRE VI.

LE SOUPER.

Reine, cachant à peine son émotion, rejoignit son père.

Raymond V baisa tendrement sa fille au front ; s'appuyant sur son bras, il descendit les dernières marches de l'escalier de la tour. Il portait un vieux costume de chasse vert, à passements d'or ternis, des chausses écarlates, de grandes bottes de basane, couvertes de boue, et de longs éperons de fer rouillés. Il tenait à la main son feutre gris ; car, malgré le froid assez vif, le front hâlé et ridé de Raymond V était couvert de sueur.

Dans la cour du château, à la lueur d'une

torche, un valet de ferme tenait par la bride le sournois et farouche Mistraoü, dont les flancs ruisselaient.

Un grand lévrier noir à longs poils et un petit chien d'arrêt épagneul blanc orangé étaient couchés aux pieds de l'étalon de la Camargue.

Le lévrier paraissait haletant ; ses oreilles couchées sur son crâne, sa gueule entr'ouverte et remplie d'écume, ses yeux à demi fermés le battement fébrile précipité de ses flancs, sa respiration entrecoupée, tout annonçait qu'il venait de faire une course rapide.

La vue de Mistraoü, en lui rappelant la scène des rochers d'Ollioules, augmenta encore le trouble de Reine. Mais le baron était si peu clairvoyant, le succès de sa chasse dont il voulait se glorifier le préoccupait tellement, qu'il ne s'aperçut pas de l'agitation de sa fille.

Il détacha une courroie qui suspendait un gros lièvre à l'arçon de sa selle, le présenta orgueilleusement à Reine en le soupesant et lui dit :

— Croirais-tu qu'*Éclair* (à ces mots le lévrier, sans cesser de haleter, leva sa tête lon-

gue, fine et intelligente), croirais-tu qu'*Éclair*
a forcé ce lièvre en treize minutes, dans les
bruyères de Savenol? c'est le vieux *Genêt* (ici
le petit épagneul leva la tête à son tour) c'est
le vieux *Genêt* qui l'a mis sur pied. La vitesse
de ce démon de Mistraoü est si grande, que je
n'ai perdu Éclair de vue que pendant le temps
que j'ai mis à gravir la colline des Pierres-
Noires... J'ai fait ainsi, j'en suis sûr, plus
d'une lieue et demie.

— Mon père... comment vous exposer à
monter encore ce cheval, après l'épouvantable danger qu'il vous a fait courir !

— Maujour ! — s'écria le vieux gentilhomme d'un air de gravité moqueuse — il ne
sera pas dit que Raymond V cédera jamais à
un de ces fils indomptés de la Camargue.

— Mais, mon père...

— Mais, ma fille, je ne céderai pas plus sur
terre que sur mer, je te dis cela parce que je
viens de visiter les madragues que ces drôles
de la Ciotat veulent m'empêcher de poser dans
l'anse en dehors des roches de Castrembaoü ;
tout à l'heure j'ai rencontré le consul Talebard-
Talebardon sur sa haquenée ; nous en avons

causé. N'a-t-il pas eu l'effronterie de me menacer du tribunal des prud'hommes pêcheurs... dont le guetteur est le syndic... Maujour! j'ai tant ri, que ce démon de Mistraoü, profitant de ma distraction, est parti comme un trait!

— Encore des dangers, mon père. Ce cheval vous sera fatal!

— Sois tranquille, mon enfant, quoique je n'aie pas le poignet aussi vigoureux que ce jeune Moscovite à demi sauvage qui arrêta si adroitement Mistraoü au bord du précipice, la gaule, la bride et l'éperon auront toujours raison des ruades et des pointes d'un cheval vicieux; mais permettez, belle châtelaine, que je vous offre le pied de l'animal que j'ai chassé.

Ce disant, le baron tira son couteau de sa poche, coupa la patte droite du lièvre et l'offrit galamment à sa fille, qui prit, non sans quelque répugnance, ce trophée de vénerie.

On reconduisit Mistraoü à son écurie, mais Eclair et Genêt, favoris du baron, le suivirent côté à côte, pas à pas, pendant qu'appuyé sur le bras de Reine, Raymond V faisait ce qu'il appelait son inspection du soir, en attendant l'heure du souper.

Les laboureurs et les métayers, revenus des champs, se livraient aux occupations de la veillée d'hiver, dans une vaste étable chaude et bien close.

Les femmes, les jeunes filles filaient au rouet, les hommes raccommodaient leurs filets, leurs instruments aratoires ou nettoyaient leurs armes ; maître Laramée, ancien sergent de la compagnie franche, levée par Raymond V lors des troubles civils, et alors majordome et commandant supérieur de la garnison du château, exigeait que des tenanciers du baron qui faisaient tour à tour le service de sentinelles sur la terrasse du bord de la mer, fussent militairement armés.

D'autres peignaient aux couleurs du baron (rouge et jaune) de longues lances destinées aux joûtes sur l'eau, ou des pieux employés au saut de la barre, divertissements accoutumés des fêtes de Noël.

Ceux-là, occupés plus sérieusement, préparaient les grains destinés aux semailles tardives ; ceux-ci tressaient avec grand soin des paniers de jonc destinés à renfermer les calénos ou présents de fruits qu'on se fait à la Noël.

Ces travaux étaient tantôt égayés par des chansons du pays, tantôt accompagnés de quelque légende merveilleuse ou de quelque épouvantable récit des cruautés des pirates.

Dans une salle supérieure remplie de fruits, des enfants et des vieillards s'occupaient de visiter les longues guirlandes de raisins qui pendaient aux poutres du plafond, ou serraient dans des corbeilles les figues odorantes qui séchaient sur des claies de paille.

Plus loin, c'était la lingerie où les lavandières, sous l'inspection immédiate de demoiselle Dulceline, femme de charge, s'occupaient du linge du château et le parfumaient, en mettant dans ses plis plus blancs que la neige des feuilles d'herbes aromatiques.

Souvent la voix aigre de Dulceline surmontant les joyeuses chansons des lavandières venait réprimander quelques paresseuses.

A côté de la lingerie était enfin la pharmacie du château, où les paysans des environs trouvaient tous les médicaments indispensables.

Cette pharmacie se trouvait dans les attributions du chapelain du baron, l'abbé Mascarolus, vieux et excellent prêtre, d'une pitié angélique et d'une naïveté rare. Le chapelain possédait des connaissances médicales assez étendues, et croyait fermement à l'efficacité de l'étrange pharmacopée de ce temps-là.

Malgré la continuelle appréhension des pirates, tous les habitants de la Maison-Forte partageaient la gaîté pour ainsi dire traditionnelle que causait toujours en Provence l'approche de la Noël, la plus joyeuse, la plus grande solennité de l'année.

Chaque soir avant souper, le baron faisait donc, en compagnie de sa fille, ce qu'il appelait son inspection, c'est-à-dire qu'il parcourait le théâtre des occupations si diverses dont nous venons d'entretenir le lecteur, causant familièrement avec tout le monde, accueillant les demandes, les plaintes, s'impatientant souvent, s'emportant et grondant quelquefois; mais, toujours plein de justice, de bonté, il faisait oublier par sa bonhomie cordiale ses mouvements de vivacité.

Raymond V mettait en valeur une grande partie de ses domaines; il causait longtemps à la veillée avec ses principaux bergers, vignerons, laboureurs et métayers, surveillait lui-même ses écuries et ses étables, persuadé de la sagesse de ces deux proverbes provençaux dignes du guetteur du cap de l'Aigle : *Luei doou mestre engraisso lou chivaou*, l'œil du maître engraisse le cheval.

Bouen pastre, bouen ave, bon berger, bon troupeau.

Le vieux gentilhomme finissait ordinairement sa tournée par une visite à la pharmacie, où il trouvait l'abbé Mascarolus, qui lui donnait une sorte d'état hygiénique de la santé des habitants du domaine des Ambiez.

Le jour dont nous parlons, Raymond V arriva dans la pharmacie, accompagné de Reine, en passant par la lingerie. On s'occupait des préparatifs de la fête de la Noël dans presque tous les départements du château ; mais la confection de la pièce la plus importante de cette solennité était réservée aux soins de la vénérable Dulceline, qui avait prié l'abbé de l'éclairer de ses conseils.

Il s'agissait de la *Crèche,* sorte de tableau en ralief et colorié, que l'on plaçait le jour de Noël dans la plus belle chambre de l'habitation, château, maison ou chaumière.

Ce tableau représentait la naissance de l'enfant Jésus ; on y voyait l'étable, le bœuf, l'âne, saint Joseph, la Vierge tenant sur ses genoux le Sauveur du monde.

Chaque famille, pauvre ou riche, tenait à avoir une Crèche plus ou moins splendide, et ornée de guirlandes de feuillages, de clinquants, et surtout magnifiquement illuminée de petites bougies dont on l'entourait.

Raymond V, entrant dans la lingerie, fut surpris de n'y pas voir Dulceline. Toutes les lavandières firent une respectueuse révérence au baron, qui demanda où était la femme de charge.

— Monseigneur, — dit une jeune fille aux yeux noirs et aux joues couleur de grenade — mademoiselle Dulceline est dans la chambre des philtres, avec M. l'abbé et Théréson ; elle a défendu d'entrer, elle travaille à la Crèche.

— Diable — dit le baron — il me coûte de l'interrompre, mais le souper a sonné, il faut que l'abbé nous dise les grâces.

Il s'avança vers la porte, elle était intérieurement fermée. Il frappa.

— Allons, allons, l'abbé, le souper est servi et j'ai une faim de tous les diables.

— Permettez… un moment, Monseigneur, — dit Dulceline, nous ne pouvons pas encore vous ouvrir. C'est un mystère !

— Ah ! ah ! l'abbé, je vous y prends, vous faites des mystères avec Dulceline — dit joyeusement le vieux gentilhomme.

— Ah ! Monseigneur, Dieu nous garde ! Théréson est avec nous — s'écria la vénérable demoiselle, choquée de la plaisanterie du baron. Ouvrant précipitamment la porte, elle montra une figure pâle, ridée, encadrée dans une fraise et dans un béguin blanc, le tout digne du pinceau d'Holbein.

L'abbé, âgé de cinquante ans, vêtu d'une robe noire et d'un chaperon de même couleur qui lui emboîtait étroitement la tête, avait une figure douce et naïve.

Théréson, au moment où le baron entra, finissait de cacher sous une grande toile la mystérieuse Crèche.

Le baron s'en approchant allait témérairement lever ce voile, lorsque Dulceline s'écria d'un ton suppliant.

— Ah! Monseigneur, laissez-nous le plaisir de vous surprendre ; soyez seulement assuré que jamais plus belle Crèche n'aura orné la grande salle de la Maison-Forte, et c'est bien le moins, Notre-Dame! puisque M. le commandeur et sa révérence le père Elzéar doivent venir des pays lointains pour assister à la Noël!

— Maujour! je serais trop malheureux s'ils n'y assistaient pas — s'écria le baron — voilà deux ans que mes pauvres frères n'ont passé ni une nuit ni un jour dans la maison de notre père, et par saint Bernard mon patron, qui m'assiste, le Seigneur nous fera la grâce de nous réunir cette fois.

— Dieu vous entendra, Monseigneur, et je joins mes prières aux vôtres — dit l'abbé. Puis il ajouta :— Monseigneur, avez-vous fait bonne chasse?

— Très bonne, l'abbé, voyez plutôt! et le baron prit la patte du lièvre que Reine tenait à la main et la montra à l'abbé.

— Si mademoiselle ne garde pas cette patte, — dit l'abbé — je la lui demanderai pour ma pharmacie, en priant toutefois Monseigneur de me dire si c'est la patte droite ou la patte gauche de l'animal ?

— Eh ! que voulez-vous faire de cela, l'abbé ?

— Monseigneur — dit le bon Mascarolus, en montrant un volume ouvert sur la table — j'ai reçu hier ce livre de Paris. C'est le journal de M. de Maucaunys, homme très illustre et très savant, et j'y lis ceci, page 547 : « Recette
« pour la goutte. Portez contre la cuisse, en-
« tre les chausses et la chemise du côté ma-
« lade, deux pattes d'un lièvre tué entre la
« Notre-Dame de septembre et la Noël, mais
« avec cette importante observation qu'il faut
« se servir de la patte gauche de derrière, si
« c'est le bras droit qui est malade ; et de la
« patte droite de devant, si c'est la jambe ou
« la cuisse gauche qui est malade ; à l'instant
« le mal cessera.* »

* *Journal des voyages de M. de Maucaunys*, conseiller du roi en ses conseils d'état et privé, et lieutenant-criminel au siége présidial de Lyon, où les savants trouveront un nombre infini de nouveautés en machines de mathématiques, expériences physiques, raisonnements de la belle philosophie, curiosités de chimie, outre la description de divers animaux et plantes rares, et plusieurs secrets inconnus pour le plaisir et la santé. etc., et ce qu'il y a de plus dignes de la connaissance d'un honnête homme dans les trois parties du monde. Paris, Louis Frelaine, au Palais, 1651.

— Peste ! l'abbé — s'écria le baron, en riant de toutes ses forces — voilà une belle découverte ; désormais les braconniers diront qu'ils sont apothicaires et qu'ils ne tirent un lièvre à l'affût que pour se procurer des remèdes contre la goutte !

Le bon abbé, assez embarrassé des sarcasmes du baron, continua de lire pour se donner une contenance, et ajouta : Je vois plus loin, monsieur le baron, page 177 : « Les cloportes don-
« nés aux rossignols hydropiques les guéris-
« sent tout-à-fait. »

Ici les rires du bon gentilhomme redoublèrent. Reine, elle-même, malgré sa préoccupation, ne put s'empêcher d'imiter son père.

L'abbé Mascarolus sourit doucement, supporta ces innocentes railleries avec une résignation toute chrétienne, n'essayant même plus de défendre ses recettes empiriques auxquelles on aurait d'ailleurs trouvé de fréquentes analogies dans les livres les plus sérieusement écrits sur l'art de guérir à cette époque.

Raymond V allait se livrer à un nouvel accès de gaîté, lorsque Laramée, à la fois majordome, maître-d'hôtel et capitaine de la Maison-

Forte, vint annoncer au baron que le souper l'attendait depuis longtemps.

Laramée, que nous avons vu former l'avant-garde de l'escorte du baron dans les gorges d'Ollioules, avait une physionomie de vrai pandoure ; son teint aviné, sa voix rauque, ses cheveux blancs et ras, sa longue moustache grise et ses continuels jurons n'étaient pas toujours du goût de Dulceline.

Elle accueillit l'entrée du majordome dans le sanctuaire de l'abbé avec une sorte de grondement sourd qui se changea en aigre glapissement, lorsqu'elle vit Laramée s'approcher indiscrètement du voile qui couvrait la mystérieuse Crèche et essayer de le soulever.

— Eh bien !... eh bien !... Laramée — dit le baron — maujour !! veux-tu donc être plus privilégié que ton maître, et voir les merveilles que Dulceline cache à nos yeux. Allons, allons, prends cette lampe et éclaire-nous, vieux soudard.

Puis, se retournant vers Mascarolus, Raymond V ajouta gaîment : — « Puisque, d'après votre beau livre, les cloportes guérissent les rossignols hydropiques, il faudra essayer de votre remède sur ce vieux drôle, sans cesse menacé d'hydropisie, car c'est une véritable outre, toujours gonflée de vin à en crever..... Du reste, il n'a du rossignol que l'habitude de chanter la nuit, et le diable sait quelles chansons!

— Sans compter, Monseigneur, qu'il chante d'une voix à réveiller tout le château et à faire fuir les *buon-loli* * du sommet de la vieille tour — ajouta la femme de charge.

— Aussi vrai que j'ai bu ce matin deux verres de Saouvo-Christian **, les orfraies se connaissent en chouettes, Dulceline ma mie! — dit le majordome d'un air goguenard, en passant avec sa lampe devant la surintendante de la lingerie.

— Monseigneur — s'écria-t-elle — vous entendez l'insolence de maître Laramée.

— Et vous serez vengée, ma chère, je vais

---

* Surnom provençal de la chouette. Un préjugé populaire voulait que ces animaux allassent boire l'huile des lampes funéraires des églises. (VILLENEUVE, *Statistique des Bouches-du-Rhône.*)

** Sauve-chrétien. Eau-de-vie dans laquelle on fait infuser des graines de raisin avec des aromates.

lui faire boire une pinte d'eau à votre santé. Allons... allons.... marche majordonne..... la bouille-abaisse* refroidit.

Le baron, Reine et l'abbé quittèrent la pharmacie, descendirent un escalier assez rapide, et traversèrent la longue et sombre galerie qui unissait les deux ailes de la Maison-Forte, ils entrèrent dans une vaste salle à manger, brillamment éclairée par un bon feu de hêtre, de racines d'olivier et de pommes de pin qui répandaient dans cette pièce une odeur balsamique.

L'immense cheminée à grand manteau de pierre, aux chenets de fer massif fumait bien un peu, mais par compensation les fenêtres treillissées de plomb et les lourdes portes de chêne ne fermaient pas assez hermétiquement pour que la fumée ne pût s'échapper par leurs nombreuses fissures.

La bise, en s'introduisant ainsi par ces ouvertures, faisait entendre de longs sifflements, victorieusement combattus par les joyeux pétillements du hêtre et les craquements des

---

* Mets de prédilection des provençaux, sorte de soupe au poisson.

troncs d'olivier qui flambaient dans l'âtre.

Les murs simplement peints à la chaux, ainsi que le plafond aux grosses poutres de chêne noires et saillantes, n'avaient pour ornements que quelques peaux de renards, de blaireaux et de loups, symétriquement espacées et clouées par les soins du majordome.

Dans les intervalles que ces pelleteries laissaient entre elles, on voyait des lignes à pêcher, des armes à chasse, des fouets, des gaules, et comme curiosités une bride moresque avec son mord tranchant et ses houppes de soie cramoisie.

Sur un dressoir de chêne d'un très beau galbe on voyait une antique et lourde vaisselle d'argent, dont la richesse contrastait singulièrement avec la rusticité presque sauvage de cette salle.

De grandes botrines de verre blanc étaient remplies des vins généreux de la Provence et du Languedoc; de plus petits flacons contenaient des vins d'Espagne, qui venaient très facilement et très promptement de Barcelonne par les bâtiments côtiers.

Quelques valets campagnards, vêtus de casaques de cadis brun, faisaient le service sous les ordres du majordome; les livrées aux couleurs du baron ne sortant du vestiaire que lors des jours de fêtes.

La table oblongue, placée très près du foyer, reposait sur un épais tapis de sparterie. Le reste de la salle était pavé de dalles de grès.

Au haut bout de la table on voyait le fauteuil armorié de Raymond V, à sa droite le couvert de sa fille, à sa gauche le couvert de l'étranger, usage d'une hospitalité touchante.

Au-dessous de cette place, la place du chapelain.

La table était délicatement et abondamment servie.

Autour d'une énorme soupière de bouille-abaisse composé d'excellentes murènes de la Ciotat, de tronçons de peï-spadou ou espadon, et de dattes de mer, on voyait des gangas ou gélinottes des Pyrénées entourant une oie sauvage parfaitement rôtie ; de l'autre côté, une selle d'agneau de trois mois et un demi-cabri d'un mois justifiaient par leur appétissante odeur le proverbe culinaire : *Cabri d'un mes, agneoü de tres*, cabri d'un mois, agneau de trois; des coquillages de toute espèce, tels que clovisses, caramboles, ayant surtout la saveur de Roc, comme disent les Provençaux, remplissaient les intervalles laissés entre ces mets subtantiels.

Enfin des hors-d'œuvre fortement salés et épicés, tels que crevettes, langoustes, artichauts, céleris et fenouils crus, formaient une réserve formidable que Raymond V appelait à son aide pour exciter sa soif lorsqu'elle commençait à se tarir.

Cette profusion, qui paraît énorme au premier aspect, s'explique facilement par l'abondance des ressources du pays, par la coutume hospitalière de cette époque et par le grand nombre de gens qu'un seigneur de cette époque avait à nourrir.

Les grâces dites par le digne abbé Mascarolus, le baron, sa fille et le chapelain se mirent à table. Laramée prit son poste habituel derrière le fauteuil de son maître.

CHAPITRE VII.

LE FIANCÉ.

A peine le baron était-il assis, qu'il s'écria :
— Où diable ai-je la tête? Et Honorat ne devait-il pas venir souper avec nous?

— Il nous l'avait du moins promis hier — dit Reine.

— Et tu souffres que ton fiancé manque ainsi à sa parole! Quelle heure est-il donc, Laramée?

— Monseigneur, je viens de poser les deux factionnaires sur le rempart.

— C'est-à-dire qu'il est huit heures, n'est-il pas vrai, seigneur capitaine? — dit gaîment le baron au majordome en tendant son verre.

— Oui, Monseigneur, huit heures bien passées.

— Ah çà ! — reprit le vieux gentilhomme, en remettant son verre sur la table, sans l'avoir vidé — pourvu qu'il ne soit rien arrivé à Honorat !

— Mon père, si l'on envoyait tout de suite quelqu'un à cheval du côté de Berrol — dit vivement Reine !

— Tu as raison, mon enfant, de toute façon, nous serons plus rassurés ; ce n'est pas qu'il y ait grand'chose à craindre, mais, la nuit, le chemin des marais et des paludes de Berrol n'est pas sûr.

— Qui enverrai-je au-devant de M. le chelier, Monseigneur ? — dit Laramée.

Le baron allait répondre lorsque le chevalier de Berrol parut précédé d'un valet qui tenait une lampe.

— Et d'où diable viens-tu, mon fils ? — dit le seigneur des Anbiez. Et il tendit la main à Honorat, qu'il appelait son fils depuis qu'il devait épouser Reine. — As-tu rencontré la fée Esterelle dans les fondrières de Berrol ?

— Non, mon père, mais j'étais allé chez le

seigneur de Saint-Yves, et puis... — s'interrompant pour s'approcher de la jeune fille, Honorat lui dit : — Excusez-moi, je vous prie, Reine, d'être ainsi en retard.

Celle-ci lui tendit la main avec une grâce enchanteresse, en disant d'un ton pénétré presque sérieux : — Je suis heureuse... bien heureuse de vous voir, Honorat, car nous étions inquiets.

Il y eut dans ce peu de mots, dans le regard qui les accompagna une telle expression de confiance, de tendresse, de sollicitude, que le chevalier tressaillit de bonheur.

— Allons, allons, mets-toi à table ; et maintenant que tu as fait ta paix avec Reine, contenous ce qui t'a retenu chez le seigneur de Saint-Yves.

Le chevalier se débarrassa de son épée et de son chapeau qu'il remit à Laramée, prit place à côté du baron, et répondit :

— Le greffier de l'amirauté de Toulon, qui est en tournée dans la province, accompagné d'un scribe et de deux gardes du gouverneur, était venu, par ordre de ce dernier, visiter le château du seigneur de Saint-Yves.

— Maujour! — s'écria l'impétueux baron — je suis sûr qu'il s'agit de quelque commandement insolent! Ce maréchal, tueur de favoris, n'en donne jamais d'autres; et on dit ce greffier de Toulon le plus mauvais coquin qui ait jamais signifié un arrêt.

— Mon père, calmez-vous, dit Reine.

—Tu as raison... le Vitry ne mérite pas une généreuse colère. Il est pourtant pénible pour la noblesse provençale de voir un tel homme remplir des fonctions jusqu'ici toujours données à des princes du sang. Mais nous vivons dans un singulier temps. Les rois sommeillent, les cardinaux règnent, les évêques portent la cuirasse et le baudrier *. Cela n'est-il pas bien canonique, l'abbé ?

Le bon Mascarolus n'aimait nullement à se prononcer d'une manière précise, aussi répondit-il humblement : — Sans doute Monseigneur, les canons de Jean VIII et le texte de saint Ambroise défendent aux prélats de porter les armes, mais d'un autre côté, la glose du

---

* M. l'évêque de Nantes et M. l'archevêque de Bordeaux avaient des commandements militaires considérables. Ce dernier fut à la tête des flottes de France de 1637 à 1638.

concile de Worms les y autorise (avec approbation du S. P.) lorsqu'ils possèdent des domaines relevant de la couronne. Sous Louis-le-Jeune, les évêques de Paris allaient à la bataille. Hincmar et Hervien, archevêque de Reims, conduisirent des troupes sous Charles-le-Chauve, et sous Charles-le-Simple, Tristan de Salazar, archevêque de Reims, armé de toutes pièces, monté sur un bon coursier, une javeline à la main...

— Bien, bien! l'abbé, par la grâce du cardinal, nous nous accoutumerons à voir les saints évêques vêtus en gendarmes, avec un casque pour mitre, un buffle pour étole, une lance pour crosse, répandre le sang au lieu d'eau bénite. C'est convenu, l'abbé; à boire, Laramée! et toi, Honorat, achève ton histoire.

— Voici le fait — dit le chevalier. — Le greffier Isnard, qu'on dit en effet sans pitié pour les pauvres gens, venait en compagnie d'hommes de justice s'informer du nombre d'armes de guerre et de la quantité de munitions que possédait le seigneur de Saint-Yves dans son château, afin d'en dresser un état d'après les ordres du maréchal de Vitry.

Le baron venait de vider glorieusement son verre. Il le tenait encore par le pied entre le pouce et l'index de sa main droite. En entendant ces mots, il resta immobile, attachant un regard stupéfait sur Honorat, et essuyant machinalement du revers de sa main gauche sa moustache blanche, trempée de vin.

Le chevalier, sans remarquer les signes d'étonnement du baron, continua : — Comme le seigneur de Saint-Yves hésitait à consentir à ce que demandait le greffier, et que celui-ci insistait presque avec menaces, disant qu'il agissait par ordre du gouverneur de la province au nom de monseigneur le cardinal, je voulus m'interposer entre eux, et...

— Comment! Saint-Yves n'a pas fait clouer ces corbeaux par les pieds et par les mains à la porte de son manoir, pour servir d'épouvantail aux autres! — s'écria le baron, pourpre d'indignation, en posant si violemment son verre sur la table qu'il le brisa.

— Mon père! — dit Reine avec inquiétude, en voyant les veines qui sillonnaient le front chauve du baron, se goufler à se rompre.

—Mon père! que vous importe... sans doute le seigneur de Saint-Yves a accédé aux ordres du gouverneur.

—Lui! obéir à de tels ordres!! — s'écria Raymond V — lui! s'il avait eu cette lâcheté, et qu'il osât paraître à la première assemblée de la noblesse d'Aix, j'irais à son banc le prendre par le collet, et je le chasserais de la salle à coups de baudrier... Comment! un greffier viendra dans nos maisons-fortes compter nos armes, notre poudre et nos balles! comme un huissier va compter les marchandises d'un marchand! Maujour! ce serait par ordre exprès et signé du roi de France, notre Comte [*], que je répondrais à un tel ordre à bons coups de mousquet et de fauconneau.

— Mais, Monsieur — dit Honorat...

— Visiter nos châteaux! — s'écria le baron de plus en plus exaspéré. —Ah! ce n'est pas assez d'avoir mis à la tête de la vieille noblesse de Provence un Vitry! un assassin gagé... il faut encore que ce cardinal que l'enfer con-

[*] Les rois de France étaient comtes de Provence.

fonde (priez pour lui, l'abbé, il en a diablement besoin), nous impose les obligations les plus humiliantes... visiter nos maisons! Ah! Vitry, tu veux savoir ce que nous pouvons tirer de coups de mousquet et de fauconneau! eh bien! par la mort-Dieu! viens donc assiéger la porte de nos châteaux et tu le sauras!! Puis, se retournant avec vivacité vers Honorat : — Mais qu'a fait Saint-Yves?

— Monsieur, au moment où je l'ai quitté, il proposait d'entrer en accommodement, de dresser lui-même l'inventaire qu'on lui demandait, et de l'envoyer directement au maréchal.

— Laramée — dit le baron, en se levant brusquement de table — fais seller Mistraoü; que cinq ou six de tes gens montent à cheval, arme-les bien, et tiens-toi prêt aussi à me suivre.

— Au nom du ciel, mon père, que voulez-vous faire? — s'écria Reine en prenant l'une des deux mains du baron dans les siennes.

— Empêcher le bonhomme Saint-Yves de commettre une lâcheté qui déshonorerait la noblesse de Provence... il est vieux et faible, il n'a pas grand monde autour de lui... il se sera laissé intimider... Laramée, mes armes, et à cheval!... à cheval!

— Par cette nuit noire, par les mauvais chemins, Monsieur ; vous n'y songez pas ? — dit Honorat en prenant l'autre main du baron.

— Tu m'as entendu, Laramée ! — s'écria Raymond V d'une voix impétueuse...

— Mais, Monsieur — dit Honorat...

— Eh! maujour ! mon jeune maître ! je fais ce que vous auriez dû faire ! à votre âge, j'aurais jeté par la fenêtre le greffier, son scribe et les gardes du gouverneur. Mordieu! le sang de vos pères ne bout pas dans vos veines, jeunes gens!... Laramée, mes armes et à cheval !

Aux reproches du baron, Henri ne répondit rien ; il baissa tristement la tête, et regarda Reine en secouant la tête comme pour lui faire comprendre ce qu'il y avait d'injuste et de dur dans les reproches de son père.

La jeune fille l'entendit sans doute ; pendant que Laramée s'occupait de décrocher, d'une des panoplies qui ornaient la salle à manger, les armes de son maître, elle dit :

— Laramée, faites aussi seller ma haquenée ; j'accompagnerai monseigneur...

— Au diable la folle ! — dit le baron en haussant les épaules.

— Folle ou non, je vous accompagnerai, mon père.

—Eh! maujour! non... non, cent fois non, tu ne m'accompagneras pas... par des chemins pareils... à l'heure qu'il est !

— Je vous suivrai, mon père... vous savez si je suis volontaire et opiniâtre...

— Certes... comme une chèvre... quand vous vous y mettez. Pourtant cette fois, vous me céderez, j'espère.

— Je descends moi-même tout faire préparer pour mon départ — dit Reine.... — Venez, Honorat.

— Au diable la folle ! elle est capable de le faire, ainsi qu'elle le dit ! — s'écria le baron. Ah voilà ! j'ai été trop bon, j'ai été trop faible pour elle... elle en abuse — s'écria le vieux gentilhomme en frappant du pied avec colère.
—Puis prenant un ton plus doux : —Voyons... Reine... ma fille, ma chère fille... sois raisonnable, un branle de galop et je suis auprès de

Saint-Yves; le temps de chasser ces misérables à coups de fouet, et je reviens...

Reine fit un pas vers la porte...

— Mais joins-toi donc à moi, Honorat; tu restes là comme un therme !

— Ah ! mon père... oubliez-vous donc que tout à l'heure vous avez traité de lâcheté sa conduite à la fois prudente et ferme dans cette affaire.

— Lui ? Honorat ? mon fils, lâche?... je couperais la figure à celui qui oserait le dire... si j'ai dit cela, j'ai eu tort, c'est la colère qui m'a emporté... Honorat... mon fils...

Raymond V ouvrit ses bras à Henri qui s'y jeta en lui disant : — Croyez-moi, Monsieur ; n'entreprenez pas ce voyage... mon Dieu ! vous ne verrez ces gens-là que trop tôt.

— Que dis-tu là ?

— Demain matin, sans doute, ils seront ici... aucune habitation noble n'est exceptée de cette mesure.

— Ils seront ici demain ! — s'écria le baron avec une expression de joie difficile à rendre.

— Ah... le greffier sera ici demain... lui qui a fait condamner aux galères de pauvres diables pour des délits de faux-saunage... ah... il sera ici demain. Vive Dieu ! cela me remet le cœur en joie. Laramée, ne fais pas seller les chevaux... non... non; seulement demain, au point du jour, prépare une vingtaine de bonnes gaules de coudrier, car j'espère que nous en casserons... puis arrange une bascule au-dessus du fossé, et... mais je te dirai cela le soir en me couchant. A boire, Laramée, à boire! donne-moi la coupe de mon père et du vin d'Espagne. Il faut boire avec solennité à une telle nouvelle ; du vin de Xerès, te dis-je... et au diable le vin de Lamalgue !... puisque les gens du tyranneau de la Provence seront ici demain ; et que nous pourrons donner sur leur dos, en attendant mieux, les étrivières à Vitry.

Ce disant, le baron se remit dans son fauteuil, chacun reprit sa place à la grande joie du pauvre abbé qui, pendant cette scène, n'avait osé dire un mot.

Le souper troublé par cet incident finit avec une certaine gêne.

Raymond V, préoccupé de la réception qu'il ménageait aux agents du gouverneur, s'interrompait à chaque instant pour parler bas à l'oreille de Laramée ; il était facile de deviner le sujet de ces colloques secrets, en voyant l'air profondément satisfait avec lequel le vieux soldat recevait les instructions de son maître.

Comme tous les gens de guerre, Laramée nourrissait une haine instinctive contre les hommes de loi, il ne dissimulait pas sa joie diabolique, en pensant aux bons tours dont le greffier et son scribe devaient être victimes le lendemain matin.

Reine et Henri échangeaient des regards inquiets... ils connaissaient l'humeur irascible et opiniâtre du baron, son goût pour la révolte et son aversion pour M. de Vitry.

La jeune fille et son fiancé craignaient avec raison que le baron ne se laissât entraîner dans quelque fâcheuse démarche. De récents et terribles exemples avaient prouvé que Richelieu voulait mettre un terme à l'indépendance des seigneurs et absorber, dans le pouvoir royal, beaucoup de leurs priviléges féodaux.

Malheureusement il ne fallait pas songer à empêcher Raymond V d'en faire à sa tête ; de plus, tous les gens qui dépendaient de lui, ne devaient que trop le seconder dans ses dangereux projets.

Le bon abbé Mascarolus se hasarda bien à dire quelques mots détournés sur l'obéissance dont les seigneurs devaient eux-mêmes donner l'exemple; mais un coup-d'œil sévère et irrité du baron coupa court à la moralité du chapelain, il n'osa pas même défendre le maréchal, comme il avait défendu les prélats guerriers.

Ce qui effraya Reine, c'est que son père, tout en buvant moins que de coutume, se laissait parfois aller à des éclats de gaîté presque extravagante, pendant ses *a parte* mystérieux avec Laramée.

Le souper terminé, par un ancien et invariable usage d'hospitalité, le baron prit une lampe et conduisit lui-même Honorat de Berrol à la chambre qu'il devait occuper.

Comme toujours, le jeune homme voulut arguer de sa position de fiancé de Reine pour épargner ce cérémonial au baron; le vieillard répondit aussi, comme toujours, qu'après les fêtes de la Noël, c'est-à-dire après le mariage d'Honorat avec Reine, le sieur de Berrol devenant son fils, il ne le traiterait plus avec formalité. Jusque là Raymond V persistait à avoir pour son hôte les soins dus à tout gentilhomme qui couchait sous son toit.

Reine rentra chez elle, suivie de Stéphanette. Son appartement était fort près de celui de son père ; elle prêta l'oreille, et s'aperçut, à son grand regret, que Laramée restait chez le baron beaucoup plus longtemps que d'habitude ; elle vit par là que le baron poursuivait ses projets contre le greffier et les gens de justice ; enfin, malgré l'heure avancée de la nuit, elle entendit le majordome ordonner à deux des gens du baron de monter à cheval pour porter, disait-il, *des invitations.*

Inquiète des desseins de son père, elle congédia Stéphanette, et rentra dans sa chambre à coucher.

Un nouvel objet d'étonnement, presque de frayeur, l'y attendait.

CHAPITRE VIII.

LE TABLEAU.

Après avoir fermé la porte de communication qui conduisait chez son père, Reine s'avança machinalement vers la table placée près de sa fenêtre. Quel fut son étonnement, en voyant sur cette table un petit tableau encadré dans une bordure de filigrane de vermeil.

Le cœur de Reine battit violemment, elle se rappela le vase de cristal; un secret pressentiment l'avertit que ce tableau avait encore un mystérieux rapport avec l'aventure des roches d'Ollioules.

Elle s'en approcha presque en tremblant.

La perfection de cette miniature peinte sur

vélin, à l'instar des anciens manuscrits, était incroyable.

Il représentait la scène des gorges d'Ollioules au moment où le baron, tout en pressant sa fille sur son sein, tendait cordialement la main au jeune inconnu ; au loin sur le rocher, Pog et Trymalcion, les deux étranges personnages dont on a parlé, semblaient dominer cette scène.

Quoique Reine ne les eût vus qu'un moment. leur ressemblance était si frappante qu'elle les reconnut. Elle tressaillit involontairement à l'aspect sinistre de la figure de Pog, surtout reconnaissable à sa longue barbe rousse et au sourire amer qui contractait ses lèvres.

Les traits du baron, ceux de Reine, étaient rendus avec une vérité, avec un art surprenant, quoique les visages fussent à peine aussi grands que l'ongle du petit doigt. Ils étaient modelés avec une finesse qui approchait du merveilleux.

Malgré le talent inimitable de cette ravissante peinture, une chose bizarre, extravagante, en détruisait l'effet et l'ensemble.

La pose, la tournure, le costume d'Érèbe

(le jeune inconnu), étaient parfaitement rendus; mais sa tête disparaissait sous un petit nuage, au milieu duquel était encore représentée la colombe émaillée, déjà reproduite sur le vase de cristal.

Cette omission était étrange, peut-être habilement calculée, car Reine, malgré sa stupeur, malgré sa crainte, ne put s'empêcher d'évoquer ses souvenirs pour parfaire le portrait de l'inconnu.

Bientôt elle le vit pour ainsi dire en elle... au lieu de le voir sur le vélin qu'elle tenait à la main.

Il y avait aussi, de la part de l'étranger, une sorte de délicatesse à effacer ses traits sous un symbole qui représentait sans doute à sa pensée le souvenir le plus précieux de cette journée; peut-être, enfin, était-ce une manière de calmer les scrupules de la jeune fille, si elle se décidait à garder cette peinture, puisque les traits de l'inconnu ne s'y trouvaient pas reproduits.

Pour faire comprendre la lutte qui s'éleva dans l'esprit de la jeune fille, entre le désir de conserver ce tableau et sa résolution de le détruire, il faut revenir quelque peu sur nos pas, dire un mot de l'amour de Reine pour Honorat de Berrol, et aussi de ses sentiments, après l'aventure des gorges d'Ollioules.

Honorat de Berrol était orphelin, et parent éloigné de Raymond V; il avait une fortune assez considérable ; ses biens enclavaient ceux du baron ; quelques communautés d'intérêt resserraient encore les liens qui existaient entre le chevalier et le vieux gentilhomme.

Depuis deux ou trois ans, Honorat venait presque chaque jour à la Maison-Forte. Le chevalier était la droiture, la sincérité, l'honneur même. Son éducation, sans être bien cultivée, était supérieure à celle de la plupart des jeunes gens de son âge.

Il s'occupait activement de régir ses biens ; son ordre et son économie étaient remarquables, quoiqu'il sût à propos se montrer généreux.

Son esprit n'était pas très éminent ; mais il avait beaucoup de bon sens, beaucoup de raison, son caractère, d'une douceur charmante, devenait très ferme et très décidé lorsque les circonstances l'exigeaient.

Ce qui prédominait chez Honorat de Berrol, c'était une parfaite justesse de son esprit ; peu capable d'enthousiasme ou d'exagération, très borné dans ses désirs, suprêmement heureux de sa position, il attendait avec une joie calme et sereine le jour de son mariage avec la fille du baron.

Il n'y avait eu dans cet amour aucune phase romanesque. Avant de se laisser entraîner à son amour pour Reine. Honorat avait franchement exposé ses vues à Raymond V, en le priant de sonder les dispositions de sa fille.

Le bon gentilhomme, assez peu fait aux tempéraments et aux demi-mesures, répondit à Honorat que son alliance lui convenait parfaitement ; il fit à l'instant part des vues du chevalier à mademoiselle des Anbiez.

Reine avait alors seize ans ; elle fut enchantée de M. de Berrol, dont la figure, l'éducation, les manières étaient si fort au-dessus de la plupart des gentilshommes campagnards que certaines solennités rassemblaient souvent à la Maison Forte.

Reine accueillit à merveille les projets du baron. Celui-ci écrivit longuement au sujet de cette union à ses frères, le père Elzéar et le commandeur, sans l'avis desquels il ne concluait presque rien.

Leur réponse fut très favorable à Honorat. Le baron lui annonça qu'il pouvait regarder Reine comme sa fiancée, fixa le mariage aux fêtes de Noël qui suivraient l'accomplissement de la dix-huitième année de la jeune fille.

Deux ans se passèrent ainsi, au milieu des douces espérances de cet amour calme et pur.

Honorat, sérieux et tendre, commença dès lors son rôle de mentor ; il prit peu à peu un grand et utile ascendant sur l'esprit de Reine.

Raymond V aimait si aveuglément, si follement sa fille, que l'heureuse influence d'Honorat sauva celle-ci de la dangereuse faiblesse de son père.

Ayant perdu sa mère presque encore au berceau, élevée sous les yeux du baron par une bonne et honnête femme, dont Stéphanette était la fille, Reine, heureusement douée des meilleurs instincts, n'avait jamais eu d'autres guides que sa volonté, que son caprice.

D'une imagination vive, ardente, ses jugements, ses sympathies, ses répugnances étaient souvent d'une grande exagération ; aussi accueillait-elle quelquefois avec une impatience mutine et une malicieuse ironie les sages observations d'Honorat, toujours plein de raison et de mesure.

Bercée de contes, de légendes bizarres et romanesques, souvent Reine s'était vue en pensée l'héroïne de quelque étrange aventure.

Honorat, d'un souffle, dissipait ces visions fantastiques, et reprochait à sa fiancée, avec autant de gaîté que de grâce, ces imaginations vagabondes.

Mais ces légers dissentiments s'oubliaient bientôt. Reine avouait ses torts avec une adorable franchise; et la douce intimité des deux fiancés ne faisait que s'accroître.

A son insu, Reine subissait de plus en plus l'influence d'Honorat; au lieu de se complaire dans des rêveries vagues et sans fin, d'évoquer des événements improbables, auxquels elle serait mêlée, Reine occupait son esprit de pensées plus graves ; elle songeait au doux et paisible avenir que lui offrait son union avec Honorat. Elle reconnaissait le néant de ses visions d'autrefois. Chacun de ses pas dans cette voie sage et heureuse constatait les progrès de son amour pour le chevalier de Berrol.

L'esprit et le caractère de Reine subissaient enfin une si complète transformation, que Raymond V disait quelquefois en plaisantant, que sa fille lui imposait par son sérieux et par la sévérité de son regard, lorsqu'il commençait à outre-passer un peu les bornes de la tempérance.

Le sentiment de Reine pour Honorat n'était donc pas un amour passionné, fébrile, nourri de difficultés, de hasards, et incertain de son issue, c'était une affection sincère, calme, raisonnée, dans laquelle la jeune fille reconnaissait, avec une sorte de tendre vénération, la supériorité de la raison de son fiancé.

Tels étaient les sentiments de mademoiselle des Anbiez, lors de la fatale rencontre des roches d'Ollioules.

La première fois qu'elle vit Érèbe, ce fut sous l'influence d'un profond sentiment de reconnaissance. Il venait de sauver la vie du baron.

Reine n'eût peut-être pas remarqué la surprenante beauté de l'étranger, sans les circonstances saisissantes au milieu desquelles il se présentait à elle.

Mais il venait d'arracher son père à un affreux péril. Ce fut la plus puissante séduction d'Érèbe.

Sans doute le charme cessa lorsqu'après avoir dit quelques mots à ses compagnons, l'inconnu, changeant tout-à-coup de physionomie, eut l'audace d'effleurer de ses lèvres les lèvres virginales de Reine.

Les traits de cet inconnu, qu'elle avait un instant auparavant trouvés d'une beauté si pure, d'une grâce si touchante, lui semblèrent tout-à-coup disparaître sous un masque insolent et libertin.

Depuis, Érèbe lui apparut toujours sous ces deux physionomies différentes.

Tantôt elle tâchait de bannir de son souvenir le téméraire qui lui avait si insolemment ravi une faveur qu'elle eût à peine accordée au sauveur de son père.

Tantôt elle songeait, avec un profond sentiment de gratitude, que le baron devait la vie à ce même étranger qui lui avait semblé d'abord si courageux et si timide.

Malheureusement pour le repos de Reine, Érèbe réunissait et justifiait, pour ainsi dire, ces deux physionomies si distinctes, et dans sa pensée elle lui accordait tour à tour son admiration ou son mépris.

Mais elle flottait sans cesse entre ces deux sentiments.

L'exagération naturelle de son caractère plus assoupie que détruite, s'était réveillée par cette aventure bizarre.

Il lui semblait voir à la fois, dans l'inconnu, le génie du bien et le génie du mal.

Involontairement, son esprit ardent tâchait de pénétrer le secret de cette double puissance, et de deviner celle de ces deux influences qui était supérieure à l'autre.

Reine ne s'aperçut de sa constante préoccupation à ce sujet que par les tendres reproches d'Honorat de Berrol, qui l'accusait de distractions inaccoutumées.

Pour la première fois, Reine sentit presque avec effroi l'empire que le souvenir de l'inconnu prenait sur son esprit; elle se résolut d'y échapper, mais, ainsi que cela devait être, la persistance même qu'elle mit à chasser Érèbe de sa pensée l'y établit davantage encore.

Dans son dépit, elle versa des larmes amères, pria, chercha un refuge et une distraction dans le sage et calme entretien d'Honorat.

Rien ne put lui faire oublier le passé. Malgré sa douceur, sa bonté, son fiancé lui imposait beaucoup par sa tendresse sérieuse, presque solennelle.

Elle n'osa pas lui ouvrir entièrement son cœur. Le baron était le meilleur des pères, mais absolument incapable de comprendre les angoisses indéfinissables de sa fille.

Concentré par le silence, surexcité par la solitude, un sentiment mêlé de curiosité, d'admiration et presque de haine, commença à jeter ses profondes racines dans le cœur de Reine.

Plusieurs fois elle frémit en s'apercevant que la gravité d'Honorat la choquait. Elle lui reprochait presque de n'avoir dans sa carrière rien d'aventureux, rien de romanesque.

Elle comparait malgré elle l'existence paisible et uniforme de son fiancé au mystère qui entourait la vie de l'étranger.

Puis, honteuse de ces pensées, elle mettait tout son espoir dans son union prochaine avec Honorat, union sainte, solennelle, qui, en lui traçant des devoirs sacrés, devait effacer ses derniers rêves de jeune fille.

Tel était l'état du cœur de Reine, lorsque, par un mystère inexplicable pour elle, elle trouva dans la même journée deux objets dont la vue vint redoubler toutes ses angoisses, exalter toutes les puissances de son imagination.

Cet étranger ou l'un de ses agents était donc invisiblement près d'elle?

Elle ne pouvait soupçonner les domestiques intérieurs de la Maison-Forte d'être d'intelligence avec l'inconnu. Tous étaient de vieux serviteurs blanchis au service de Raymond V.

Élevée, pour ainsi dire, par eux, elle connaissait tellement leur vie et leur moralité qu'elle les croyait incapables de tremper dans ces manœuvres souterraines.

Le fait du tableau placé sur son prie-dieu, dans sa chambre, l'inquiétait surtout.

Elle fut sur le point d'aller tout dire à son père, mais l'attrait presque instinctif du merveilleux la retint ; elle craignit de rompre le charme.

Son caractère romanesque trouvait dans ce mystère une sorte de plaisir mêlé de crainte.

Inaccessible aux idées surnaturelles, d'un esprit ferme, décidé, reconnaissant après tout qu'il n'y avait rien de réellement dangereux à laisser se dérouler la suite de cette étrange aventure, Reine se rassura quelque peu, surtout lorsqu'elle eut scrupuleusement visité sa chambre et celle qui la précédait.

Elle prit le tableau de nouveau, le considéra quelque temps, puis, après être restée un moment rêveuse, elle le jeta dans le brasier comme à regret.

Elle suivit d'un regard mélancolique la destruction de ce petit chef-d'œuvre.

Par un hasard étrange, le vélin détaché du cadre s'enflamma d'abord des deux côtés.

La figure d'Érèbe brûla ainsi la dernière, et se dessina un moment seule sur la braise ardente du foyer... puis une légère flamme voltigea sur elle, tout disparut...

Reine demeura longtemps... longtemps les yeux attachés sur le foyer... comme si elle eût continué d'y voir le tableau, quoiqu'il fût consumé.

L'horloge de la Maison-Forte sonna deux heures du matin ; la jeune fille revint à elle, se coucha, et chercha longtemps le sommeil.

CHAPITRE IX.

LE GREFFIER.

Le lendemain du jour où s'étaient passées les différentes scènes que nous venons de raconter, un groupe de plusieurs personnes, les unes à pied, les autres à cheval, longeaient le bord de la mer et paraissaient se diriger vers le golfe de la Ciotat.

Le personnage le plus important de cette petite caravane était un homme d'un embonpoint respectable, à figure grave et compassée, portant un manteau de voyage par-dessus son habit de velours noir.

Il avait une chaîne d'argent au cou, et montait un petit cheval qui marchait l'amble.

Ces personnages n'étaient autres que maître Isnard, greffier de l'amirauté de Toulon, et son clerc ou scribe qui, monté sur une vieille mule blanche, portait en croupe d'énormes sacs remplis de dossiers et de deux grands registres dans leurs étuis de chagrin noir.

Le clerc était un petit homme entre les deux âges, au nez pointu, au menton pointu, aux pommettes saillantes, aux yeux perçants. Ce nez, ce menton, ces pommettes et ces yeux étaient fort rouges, grâce à un vent de nord très piquant.

Un valet monté sur une autre mule chargée de bissacs, et deux hallebardiers vêtus de casaques vertes et oranges à passements blancs, accompagnaient le greffier et son clerc.

Ces deux officiers de justice ne semblaient pas jouir d'une sérénité parfaite.

Maître Isnard surtout témoignait de temps à autre sa mauvaise humeur par des imprécations contre le froid, contre le temps, contre les chemins, et surtout contre sa mission.

Le clerc répondait à ces doléances d'un air humble et piteux.

— Maugrebleu! — s'écria le greffier —

voilà deux jours seulement que j'ai commencé ma tournée... mais elle est loin de s'annoncer d'une manière agréable. Hum ! la noblesse prend mal le recensement des armes que monseigneur le maréchal de Vitry a ordonné : on nous reçoit dans les châteaux comme chez le Turc...

— Et encore bien heureux sommes-nous quand on nous y reçoit, maître Isnard — dit le clerc. — Le sieur de Sérignol nous a fermé au nez la porte de son manoir, et nous avons été obligés de verbaliser au clair de la lune... Le sieur de Saint-Yves nous a reçus fort à contre cœur...

— Et toutes ces résistances ouvertes ou sourdes aux ordres de Son Éminence le cardinal seront dûment enregistrées, clerc... et les mauvais vouloirs seront punis !

— Heureusement que la réception du baron des Aubiez nous dédommagera de ces tribulations, maître Isnard ?... On dit ce vieux seigneur le meilleur des hommes. Son humeur joviale est aussi connue dans le pays que l'austérité de son frère le commandeur de la galère Noire et que la charité du P. Elzéar de la Merci, son autre frère.

— Hum!... Raymond V fait bien d'être hospitalier — murmura le greffier ; — c'est un de ces vieux remueurs toujours prêts à dégaîner contre tout pouvoir établi... Mais patience, clerc ! bon courage ! le règne des hommes de paix et de justice est arrivé, Dieu merci ! Tous ces arrogants batailleurs à longues rapières et à longs éperons se tiendront cois dans leurs maisons fortes comme des loups dans leurs tannières, ou, maugrebleu !... on rasera leurs demeures pour y semer le sel ! Enfin — ajouta maître Isnard comme s'il eût voulu se donner un courage factice — nous sommes toujours sûrs de l'appui du cardinal. Et nous ôter un cheveu de la tête... voyez-vous, clerc, c'est arracher un poil de la barbe de Son Éminence !

— Ce qui doit être furieusement préjudiciable et sensible à ladite Éminence, maître Isnard, car on dit qu'elle a une vraie barbe de chat, rare et rude.

— Vous êtes une pécore — dit le greffier en haussant les épaules et en donnant un coup de alon à son cheval.

Le clerc baissa la tête, ne dit mot et souffla dans ses doigts par manière de contenance.

La petite caravane cheminait depuis quelque temps sur la grève, ayant à sa droite la mer, à sa gauche d'interminables rochers, lorsqu'elle fut rejointe par un voyageur modestement assis sur un âne.

Au teint basané de cet homme, à son surcot de cuir, à son bonnet rouge qui laissait échapper une forêt de cheveux noirs, crêpus et hérissés, enfin à une petite forge portative établie sur un des côtés du bât de son âne, on reconnaissait un de ces bohémiens ambulants qui allaient de ferme en village offrir leurs services aux ménagères pour ressouder ou raccommoder leurs ustensiles de ménage.

Malgré le froid, cet homme avait les jambes et les pieds nus. Ses membres grêles mais nerveux, sa figure expressive à peine ombragée d'une barbe noire et claire, offrait le type particulier aux hommes de sa race.

Son âne, à la physionomie calme et débonnaire, n'avait ni mors, ni bride ; il le conduisait au moyen d'un long bâton qu'il lui approchait de l'œil gauche, s'il voulait le faire aller à droite; et de l'œil droit, s'il voulait le faire aller à gauche. En s'approchant du greffier et de sa suite, le bohémien prit l'âne par une de ses longues oreilles pendantes, et l'arrêta net.

— Pourriez-vous, messeigneurs — dit respectueusement le bohémien au greffier — pourriez-vous me dire si je suis encore loin de la ville de la Ciotat?

Le greffier, regardant sans doute comme indigne de lui de répondre à cet homme, fit un geste dédaigneux et dit à son scribe : — Clerc, répondez-lui — et passa.

— La bouche est la maîtresse, l'oreille est l'esclave — dit le bohémien en s'inclinant humblement devant le clerc.

Celui-ci gonfla ses joues maigres, prit un air superbe, se campa sur sa mule d'un air triomphant, et dit au valet qui le suivait, en montrant le bohémien.

— Laquais, répondez-lui... — et passa outre.

Petit Jean, plus compatissant, dit au vagabond qu'il pouvait suivre la caravane ; qu'elle se rendait à un endroit très proche de la Ciotat.

Les deux hallebardiers un peu attardés ayant rejoint le principal groupe, on continua de s'avancer sur la grève.

Le soleil fit bientôt sentir sa douce influence; quoiqu'on fût au mois de décembre, ses rayons devinrent assez vifs pour que maître Isnard sentît le besoin de se débarrasser de son manteau ; il le jeta à son clerc, en lui disant : — Êtes-vous bien sûr, clerc, de reconnaître la route qui conduit à la Maison-Forte de Raymond V, baron des Anbiez ? car nous nous arrêterons d'abord dans le logis. C'est par là que je commencerai le recensement des armes dans ce diocèse. Eh ! eh ! clerc, l'air du matin et l'odeur saline de la grève m'ont ouvert l'appétit ! On dit que le baron fait une chère d'abbé, et qu'il est d'une hospitalité digne du bon roi Réné, tant mieux, maugrebleu ! tant mieux ; ainsi, clerc, au lieu d'aller m'établir pour quinze jours dans quelque hôtellerie borgne de la Ciotat, eh ! eh !... je prendrai... mes quartiers d'hiver à la Maison-Forte de Raymond V, et vous m'y suivrez, clerc — ajouta le greffier d'un air suffisant. — Au lieu de votre lard à l'ail et aux fèves ou de votre raïto * des grands jours, vous n'aurez qu'à choisir entre la volaille, la venaison et l'excellent poisson du golfe.. Eh!... eh! eh! pour un affamé comme vous, c'est une rare aubaine ; aussi, clerc, vous allez vous en donner une fière ratelée...

Le pauvre scribe ne répondit rien à ces plaisanteries grossières dont il se sentait humilié, malgré son infortune, il dit seulement au greffier : — Je reconaîtrai facilement le chemin, maître Isnard, car il y a un poteau à l'écu de Raymond V et une borne qui marque les terres Baussenques **.

—Des terres Baussenques ! —s'écria le greffier avec indignation — encore un de ces abus que Son Éminence détruira, maugrebleu! C'est à devenir fou que de vouloir se retrouver dans ce labyrinthe de priviléges féodaux! Puis passant du sévère au plaisant, le greffier ajouta avec son gros rire : — Eh ! eh ! eh ! ce serait

* Morue assaisonnée d'huile et de vin. Mets des pauvres provençaux.

*' Terres exemptes de droits et de taxes par suite de concessions faites aux seigneurs de la maison de Beaux, une des plus anciennes de Provence, à laquelle Raymond V était allié.

une tâche aussi difficile que s'il vous fallait distinguer le vin de Xerès du vin de Malaga, habitué que vous êtes à vous entonner la mauvaise eau de grappe * et à déguster un verre de Saouvo-Christian pour la bonne bouche.

— Heureux encore quand l'eau de grappe ne nous manque pas, maître Isnard ! — dit le pauvre clerc avec un soupir.

— Eh ! eh !... alors la rivière ne manque jamais, et les ânes y peuvent boire à leur aise reprit insolemment le greffier.

Sa malheureuse victime ne put que baisser la tête sans répondre, tandis que le greffier, fier de son triomphe, mettait sa main au-dessus de ses yeux pour voir si on ne découvrait pas enfin la Maison-Forte des Anbiez ; car l'appétit de l'homme de loi était vivement excité.

Le bohémien, qui marchait auprès des deux interlocuteurs, avait entendu leur conversation.

Quoique ses traits fussent vulgaires, ils annonçaient beaucoup de finesse et d'intelligence. Ses petits yeux noirs, perçants, mobiles, se

---

* Vin de la seconde pressée.

portaient sans cesse du greffier au clerc avec une expression tour à tour ironique et pitoyable. Lorsque maître Isnard eut terminé sa conversation par une plaisanterie grossière sur les ânes, il fronça vivement ses sourcils et parut sur le point de parler, mais, soit qu'il redoutât le greffier, soit qu'il craignît de dire trop, il se tut.

— Dites-moi, clerc ! — s'écria le greffier en s'arrêtant court devant un poteau armorié, marquant l'embranchement d'un chemin — n'est-ce pas là la route des Aubiez ?

— Oui, maître Isnard. Il faut abandonner le rivage. Voici le chemin de la Maison Forte ; elle est à deux cents pas d'ici ; ce bloc de rocher vous la cache — ajouta le clerc en montrant une sorte de petit promontoire qui s'avançait dans la mer et empêchait en effet d'apercevoir le château.

— Alors, clerc, allez devant — dit le greffier en retenant son cheval et en donnant un coup de houssine à la mule du scribe.

Celui-ci passa le premier, et la petite troupe s'aventura dans une espèce de chemin creux très rapide qui serpentait à travers les rochers de la côte.

Après un quart d'heure de marche, le chemin s'aplanit, des collines boisées, des vignes, des oliviers, des champs ensemencés, succédèrent aux rochers. Maître Isnard vit enfin avec joie la masse imposante de la Maison-Forte. Elle se dessinait au bout d'une immense avenue, plantée de six rangs de hêtres et de sicomores, qui conduisait à la vaste cour dont nous avons parlé.

— Eh!... Eh! — dit le greffier en ouvrant ses larges narines—il est tantôt midi. Ce doit être l'heure du dîner de Raymond V; car ces seigneurs campagnards suivent la vieille mode provençale; ils font quatre repas de quatre heures en quatre heures, déjeunent à huit heures, dînent à midi, goûtent à quatre heures et soupent à huit.

— Hélas! c'est à-peu-près comme s'ils mangeaient toute la journée—dit le clerc avec un soupir de convoitise — car ils restent quelquefois deux ou trois heures à table.

— Eh!... Eh!... vous léchez déjà vos maigres badigoinces, clerc!.... Mais ne voyez-vous pas une épaisse fumée du côté des cuisines?

— Maître Isnard, je ne sais pas où sont les cuisines—dit le clerc—je ne suis jamais entré dans l'intérieur de la Maison-Forte... mais on voit, en effet, une grosse fumée au-dessus de la tourelle qui regarde le ponant.

— Et ne sentez-vous aucune odeur de bouille-abaisse ou de rôti? Maugrebleu! chez Raymond V, ce doit être la Noël tous les jours... Flairez... clerc... flairez...

Le scribe avança le nez comme un chien en quête, et répondit en secouant la tête : — Maître, je ne sens rien.

Lorsque le greffier fut à quelques pas de la cour de la Maison-Forte, il fut étonné de ne voir personne au-dehors de cette vaste habitation à une heure où les soins domestiques exigent toujours tant de mouvement.

Nous avons dit que la cour formait une sorte de parallélogramme.

Au fond s'élevait le corps de logis principal.

De chaque côté, on voyait ses ailes en retour, ainsi que les communs.

Enfin, sur le premier plan, une haute muraille, percée de meurtrières, au milieu de laquelle s'ouvrait une porte massive; devant cette muraille régnait un large et profond fossé rempli d'eau, qu'on passait au moyen d'un pont volant établi en face de la porte.

Le greffier et ses gens arrivèrent à l'entrée du pont. Ils y trouvèrent maître Laramée.

Le majordome, solennellement vêtu de noir, portait à la main une baguette blanche, marque distinctive de ses fonctions.

Le greffier descendit de cheval d'un air d'importance, et s'adressant à Laramée, il lui dit :

—De par le Roi et Son Éminence monseigneur le cardinal, moi, maître Isnard, greffier, je viens faire le cens et dénombrement des armes et des munitions de guerre détenues cy en cette Maison-Forte, appartenant au sieur Raymond V, baron des Aubiez.

Puis se retournant vers sa suite, à laquelle le bohémien s'était joint, le greffier dit : — Suivez-moi, vous autres.

Laramée fit un profond salut d'un air sournois, répondit au greffier en lui montrant le chemin : — Si vous voulez m'accompagner,

Monsieur le greffier, je vais vous ouvrir nos magasins d'armes et d'artillerie.

Encouragé par cet accueil, maître Isnard et ses gens traversèrent le pont, laissant leurs chevaux au dehors attachés au parapet, selon la recommandation expresse du majordome.

En entrant dans la cour plantée d'arbres, le greffier dit à Laramée : — Ton maître est-il céans! Eh!... eh!... nous avons grand'faim, et grand'soif, l'ami...

Le majordome regarda le greffier, ôta son feutre et répondit : — Vous me tutoyez, vous m'appelez l'ami, vous m'honorez beaucoup, Monsieur le greffier.

— Va, va, je suis bon prince. Si le baron n'est pas à table, mène-moi d'abord à lui, et s'il est à table, conduis-moi encore bien plus vite à lui.

— On vient justement de servir monseigneur, Monsieur le greffier, je vais aller vous ouvrir la porte d'honneur comme il convient.

En disant ces mots, Laramée disparut par un étroit passage.

Le greffier, son clerc, son valet, le bohémien et les deux hallebardiers restèrent dans cette vaste cour, occupés à regarder du côté de la porte principale du château dont ils s'attendaient, à chaque instant, à voir ouvrir les deux battants.

Ils ne s'aperçurent pas que deux hommes retiraient le pont volant, en dehors du fossé, du côté des champs ; de sorte que toute retraite était coupée aux hommes de justice.

CHAPITRE X.

LE RECENSEMENT.

Du côté de la cour, comme du côté de la mer, trois des fenêtres de la galerie qui s'étendait dans toute la longueur du bâtiment, donnaient sur un balcon dont le rétable surplombait la porte principale du château.

Le greffier commençait à trouver qu'on mettait bien du cérémonial à l'introduire auprès du baron, lorsque les fenêtres s'ouvrirent brusquement, et dix ou douze gentilshommes en costume de chasse, galonnés, bottés, éperonnés, tenant un verre d'une main et une serviette de l'autre, se précipitèrent au balcon en poussant des clameurs et des ris immodérés.

A leur tête était Raymond V.

On voyait à la rougeur avinée des compagnons du joyeux gentilhomme, qu'ils sortaient de table et qu'ils avaient glorieusement vidé plus d'une botrine de vin d'Espagne.

Les convives de Raymond V appartenaient à la noblesse des environs ; ils étaient presque tous connus pour leur haine contre le maréchal de Vitry, et pour l'opposition ouverte ou sourde qu'ils faisaient incessamment au pouvoir du cardinal de Richelieu.

Honorat de Berrol et Reine, n'ayant pu détourner le baron de son dangereux projet, s'étaient retirés dans l'appartement de la tourelle.

Le greffier commença de croire qu'il s'était trompé en comptant sur un accueil favorable de la part du baron, il craignit même d'être victime de quelque tour diabolique en voyant la gaîté bruyante des hôtes de la Maison-Forte ; surtout en reconnaissant parmi eux le sieur de Sérignol, qui lui avait brutalement refusé l'entrée de son château.

Toutefois il fit bonne contenance : suivi de son clerc, qui tremblait de tous ses membres, il s'avança au-dessous du balcon, ayant ses deux hallebardiers sur ses talons.

S'adressant à Raymond V, qui, le corps penché sur la grille du balcon, le regardait d'un air ironique, il lui dit : — Au nom du Roi et de Son Éminence monseigneur le cardinal...

— Au diable le cardinal! que Son Éminence infernale retourne d'où elle vient! — s'écrièrent quelques gentilshommes, en interrompant le greffier.

— Belzebuth fait en ce moment rougir une barette d'airain pour Son Éminence — dit le sieur de Sérignol.

— Les cordelières de Son Éminence devraient être en bonnes cordes à potence — reprit un autre.

— Laissez dire le greffier, mes amis — cria le baron en se retournant vers ses hôtes — laissez-le dire, ce n'est pas à un seul cri qu'on reconnaît l'oiseau de nuit... Allons... maujour! parle, greffier!... parle donc!! continue ton grimoire!!

Le clerc, complètement démoralisé et méditant sans doute déjà sa retraite, tourna sa tête du côté de la porte, et s'aperçut avec terreur que le pont était retiré.

— Maître Isnard — dit-il tout bas et d'une voix tremblante — nous sommes pris comme dans une souricière, on a enlevé le pont.

Malgré l'assurance qu'il affectait, le greffier regarda d'un clin-d'œil par-dessus son épaule et répondit à voix basse : — Clerc, ordonnez aux hallebardiers de se rapprocher de moi insensiblement.

Le scribe obéit, le petit groupe se concentra au milieu de la cour, à l'exception du bohémien.

Placé au bas du balcon, il semblait contempler avec curiosité les gentilshommes qui s'y pressaient.

Maître Isnard, désirant accomplir sa tâche au plus vite, et voyant qu'il s'était trompé sur les dispositions hospitalières de Raymond V, lut d'une voix légèrement émue cette sommation judiciaire :

— Au nom de Sa Majesté notre sire, Roi de France et de Navarre, et comte de Provence, et de Son Éminence monseigneur le cardinal de Richelieu, moi, Thomas Isnard, greffier de l'amirauté de Toulon, envoyé par le procureur du roi au siége de ladite amirauté, je viens cy en cette Maison-Forte faire le cens et le dénombrement des armes et munitions de guerre qui y sont renfermées pour en dresser un état, sur lequel état statuera Son Excellence monseigneur le maréchal de Vitry, gouverneur de Provence, afin d'aviser à la quantité d'armes et de munitions qu'il devra laisser dans ladite Maison-Forte ; en conséquence de ce, moi Thomas Isnard, greffier de l'amirauté de Toulon, je me suis présenté de ma personne audit sieur Raymond V, baron des Anbiez, le requérant et au besoin le sommant d'obéir aux ordres à lui signifiés... Fait à la Maison-Forte des Anbiez, dépendant du diocèse de Marseille et de la Viguerie d'Aix, le 17 décembre 1652.

Le vieux baron et ses amis écoutèrent le greffier avec un calme parfait, en échangeant entre eux quelques regards ironiques. Lorsque maître Isnard eut cessé de parler, Raymond V se pencha en dehors du balcon et répondit :

— Digne greffier, digne envoyé du digne maréchal de Vitry et du digne cardinal de Richelieu (Dieu sauve le Roi, notre comte, de

Son Éminence), nous Raymond V, baron des Aubiez et maître de cette pauvre maison, nous t'autorisons à remplir ta mission. Tu vois cette porte là... à gauche, où est cloué cet écriteau, *Armes et artillerie...* ouvre et fais ton office...

En disant ces mots, le vieux gentilhomme et ses hôtes s'accoudèrent sur le balcon, comme s'ils se fussent préparés à jouir de quelque spectacle intéressant et inattendu.

Maître Isnard avait suivi des yeux le geste du baron, qui lui indiquait le mystérieux magasin.

C'était une porte de moyenne grandeur sur laquelle on voyait en effet un écriteau fraîchement peint, portant ces mots : *Armes et artillerie.*

Cette porte était située vers le milieu de l'aile gauche, en grande partie composée des communs.

Sans pouvoir se rendre compte de sa répugnance, le greffier jeta sur le magasin un regard inquiet, et dit à Raymond V, d'un air presque arrogant :

— Qu'un de vos gens vienne ouvrir cette porte !

Le visage du vieux gentilhomme devint pourpre de colère ; il fut sur le point d'éclater ; mais, se contenant, il répondit :

— Un de mes gens, seigneur greffier? hélas! je n'en ai plus ; le vieux bonhomme qui vous a reçu est mon seul domestique ; les impôts que lève votre digne cardinal et les dons volontaires qu'il exige de nous, réduisent la noblesse provençale à la besace, ainsi que vous voyez ! Vous êtes accompagné de deux compères à hallebardes et d'un drôle à manteau de serge (ici le clerc fait un salut respectueux), votre monde est plus que suffisant pour mettre vos ordres à exécution.

Puis voyant le bohémien au pied du balcon, Raymond V s'écria en l'appelant : — Eh !..... l'homme au chapeau rouge? qui diable es-tu? approche, que fais-tu là? appartiens-tu à cette bande?

Le vagabond s'approcha du balcon et répondit :

— Monseigneur, je suis un pauvre artisan ambulant qui cherche à vivre de son travail ; je viens de Bany, je vais à la Ciotat, je suis entré pour savoir s'il n'y avait pas d'ouvrage au château.

— Maujour ! — s'écria le baron — tu es mon hôte, ne reste pas dans cette cour !!

A cette singulière recommandation, les gens de justice se regardèrent effrayés ; au même instant le bohémien, avec une merveilleuse agilité, grimpa comme un chat sauvage à l'un des piliers de granit qui supportaient le balcon, et s'assit aux pieds du baron, en dehors de la balustrade, sur une petite saillie formée par les dalles.

L'ascension du bohémien fut si rapide et faite d'une manière si leste, qu'elle excita l'admiration des hôtes de Raymond V.

Celui-ci, le tirant joyeusement par une des mèches de ses longs cheveux noirs, lui dit :— Tu grimpes trop bien pour t'arrêter en si beau chemin, m'est avis, drôle que tu es, que les fenêtres te sont portes, et que les toits te servent de promenade ; entre dans la maison, mon garçon, Laramée te donnera un coup à boire.

D'un bond léger le bohémien passa par-dessur la grille du balcon, et entra dans la galerie qui servait de salle à manger dans les occasions solennelles, et où il trouva les restes du copieux dîner auquel les hôtes du baron venaient d'assister.

Le greffier, resté dans la cour avec son escorte, ne savait que résoudre.

Il contemplait la porte fatale avec une vague inquiétude, pendant que le vieux gentilhomme et ses amis semblaient attendre avec assez d'impatience l'issue de cette scène.

Enfin, maître Isnard, voulant sortir de cette position embarrassante, se retourna vers le baron, et lui dit d'un air solennel : — Je prends à témoin les gens qui m'accompagnent de ce qui peut m'arriver de méséant, et vous répondrez, Monsieur, de toute dangereuse et fallacieuse embuscade qui porterait atteinte à la dignité de la loi ou de la justice, ou à notre recommandable personne.

— Eh ! maujour ! que nous chantez-vous ? personne ne s'oppose céans à ce que vous fassiez votre office, mes armes et mon artillerie sont là ; entrez, visitez, comptez, la clef est sur la porte.

— Oui, oui, entrez, la clef est sur la porte!

— répétèrent en chœur les hôtes du baron, avec un ricanement qui parut au greffier d'un sinistre augure.

Ce dernier, exaspéré, mais se tenant fort éloigné de la fâcheuse porte, dit à son scribe :

— Clerc, allez ouvrir cette porte... et finissons.

— Mais, maître Isnard...

— Obéissez.... clerc.... obéissez — dit le greffier en se reculant encore.

— Mais, maître Isnard.

Et le pauvre scribe montrait son registre qu'il tenait d'une main, et sa plume qu'il tenait de l'autre...

— Je n'ai pas les mains libres. Il faut que je puisse dresser le procès-verbal en toute occurrence ; s'il éclate quelques maléfices derrière cette porte, ne dois-je pas à l'instant même le coucher sur le procès-verbal ?

Ces raisons parurent faire quelque impression sur le greffier.

— Petit Jean, ouvrez cette porte — dit-il alors à son laquais.

— Monsieur, je n'oserais — reprit Petit Jean, en se reculant derrière son maitre.

— M'entendez-vous, misérable !

— Oui, Monsieur ; mais je n'oserais... il y a là quelque sorcellerie.

— Mais, maugrebleu !

— Le salut de mon âme en dépendrait, Monsieur, que je ne l'ouvrirais pas — dit Petit Jean d'un ton résolu.

— Allons !..... allons !..... — dit le greffier avec un dépit concentré ; en s'adressant aux hallebardiers : — Il sera dit... mes braves, que vous seuls agirez en hommes dans cette sotte affaire ! Ouvrez cette porte et que cette scène ridicule se termine...

Les deux gardes firent un mouvement de retraite, et l'un d'eux répondit :

— Écoutez-donc, maître Isnard, nous sommes ici pour vous prêter main-forte autant que nous le pouvons, si l'on se rebelle contre vos ordres .. mais on ne vous empêche pas d'entrer.... la clef est sur la porte.... entrez donc tout seul, s'il vous plaît.

— Comment? un vieux pandour comme toi, tu as peur !

Le hallebardier secoua la tête et dit :

— Écoutez, maître Isnard, les pertuisanes

et les épées ne valent rien ici... ce qu'il faudrait, ce serait un prêtre avec son étole et tenant à la main son goupillon.

— Michel a raison, maître Isnard — dit l'autre garde — m'est avis qu'il faudrait faire, comme pour l'exorcisme des dauphins de l'an passé *.

— Si ce chien de Bohême ne s'était pas lâchement échappé — dit le greffier en frappant du pied avec rage — il eût ouvert cette porte.

Puis tournant machinalement la tête, le greffier aperçut à presque toutes les fenêtres de la Maison-Forte des figures d'hommes et de femmes qui, à demi cachées derrière les vitres, semblaient regarder curieusement dans la cour.

Plus par amour-propre que par courage, maître Isnard, se voyant le point de mire de tant de personnes, marcha délibérément vers la porte, et mit la main sur la clef.

A ce moment le cœur lui manqua.

---

* César de Nostradamus raconte en 1632 la fabuleuse histoire de dauphins si féroces qu'ils dévorèrent plusieurs mariniers du port et parurent menacer la ville d'une invasion. — Heureusement le clergé les exorcisa et ils disparurent.

Il entendit dans le magasin un bruit sourd et une sorte d'agitation extraordinaire qui jusqu'alors n'avaient pu frapper ses oreilles.

Ces sons rauques, voilés, n'avaient rien d'humain.

Un charme magique semblait attacher la main du greffier à la clef de la porte.

— Allons….. greffier, mon fils, t'y voilà…. t'y voilà… — s'écria un des hôtes en battant des mains.

— Je gage qu'il a aussi chaud qu'au mois d'août, quique le vent souffle de la tramontane — dit un autre.

— Laissez-lui le temps d'invoquer son patron et de faire un vœu — reprit un troisième.

— Son patron est saint Couard — dit le sieur de Signerol — il lui fait sans doute le vœu de ne plus jamais braver aucun autre péril, s'il le délivre de celui-ci.

Poussé à bout par ces railleries, et réfléchissant qu'après tout Raymond V n'était pas assez cruel pour lui faire courir un danger réel, le greffier tira la porte à lui en se reculant brusquement.

Le greffier fut à l'instant rudement renversé

par le choc de deux taureaux de la Camargue qui s'élancèrent de l'étable en baissant la tête et en poussant des hurlements sourds et bizarres ; car on les avait muselés.

Ces deux animaux n'étaient pas de haute taille, mais ils semblaient pleins de vigueur.

L'un était fauve, rayé de brun foncé, l'autre d'un noir de jais.

Le premier usage qu'ils firent de leur liberté, fut de bondir, de creuser la terre avec leurs pieds de devant et de tâcher de se débarrasser de leur muselière.

L'apparition des deux taureaux fut saluée par les cris de joie, par les huées et par les bravos des hôtes du baron.

— Eh bien ! greffier, ton inventaire ? — cria Raymond V, en se tenant les côtes et en donnant un libre cours à son hilarité. — Allons, clerc, couche sur ton procès-verbal mes taureaux *Nicolin* et *Saturnin*. Ah ! tu demandes les armes que je possède ; les voilà. C'est avec les cornes de ces compères de la Camargue que je me défends... Eh ! maujour ! je vois à ta peur que tu reconnais que ce sont des armes sérieuses et offensives... Allons, greffier, étiquette Nicolin et inventorie Saturnin...

— Mort-Dieu — s'écria le sieur de Signerol — ce sont les taureaux qui ont l'air de vouloir faire l'inventaire des hauts-de-chausses du greffier et de son clerc.

— Notre-Dame ! malgré son embonpoint, le greffier a fait une volte qui ferait honneur à un torréador !

— Et le clerc... comme il serpente à travers les arbres ! on dirait une belette effarée.

— Noël, Noël ! Nicolin a un morceau de son manteau !

Il est inutile de dire que ces différentes exclamations signalaient les phases de la course improvisée, dont Raymond V donnait le régal à ses convives.

Les taureaux s'étaient en effet mis à la poursuite du greffier et de son scribe, qu'ils voulaient d'abord attaquer; les hallebardiers et Petit-Jean s'étaient prudemment rangés le long de la muraille.

Grâce aux arbres dont la cour était plantée le greffier et son clerc purent pendant quelques moments échapper aux graves atteintes des taureaux, en se cachant et en courant d'arbre en arbre.

Mais bientôt leurs forces les trahirent. La peur paralysa leurs mouvements, ils allaient être foulés aux pieds par ces farouches animaux. Il faut le dire à la louange de Raymond V, malgré la brutalité de sa plaisanterie sauvage, il aurait été désolé de voir un dénouement tragique à cette aventure.

Heureusement l'un des hallebardiers cria :

— Maître Isnard... montez à un arbre, vite... vite, pendant que le taureau se retourne.

Malgré son embonpoint, le greffier suivit le conseil du hallebardier, et s'élançant au tronc d'un sycomore, il s'y cramponna des genoux, des pieds et des mains, et commença lourdement son ascension, en faisant des efforts inouïs.

Le baron et ses hôtes, voyant que l'homme de loi ne courait plus aucun danger, recommencèrent leurs cris et leurs plaisanteries. Le clerc, plus leste que le greffier, fut bientôt en sûreté au sommet d'un sycomore.

— Maître Bruin * est enfin arrivé, gare à

* Nom populaire de l'ours.

l'enfourchure! — s'écria Raymond V en riant aux larmes des efforts du greffier qui tâchait de se mettre à cheval sur une des maîtresses branches de l'arbre au sommet duquel il était arrivé avec tant de peine.

— Si le greffier a l'air d'un vieil ours qui se cramponne à son poteau — dit un autre — le clerc a l'air d'un vieux singe grelottant, à le voir ainsi claquer des mâchoires...

— Allons... allons, à la besogne, clerc, où est ta plume, ton encre et ton registre. Tu es en sûreté maintenant, griffonne ton grimoire — s'écrir le sieur de Signerol.

— Attention, attention! le tournoi recommence! — s'écria un convive. — C'est Nicolin contre un hallebardier.

— Largesse!... largesse! pour Nicolin!!

Voyant les deux hommes de loi à l'abri de leurs cornes, les deux taureaux s'étaient retournés vers les hallebardiers.

Mais l'un de ceux-ci, s'acculant contre le mur, piqua si vigoureusement l'animal au nez et à l'épaule, que le taureau n'osa tenter une nouvelle attaque et s'en retourna en bondissant au milieu de la cour.

Voyant le courage du hallebardier, le baron s'écria :

— Ne crains rien ! mon brave, tu auras une pistole pour boire à sa santé, et je te fournirai le vin gratis... puis s'adressant à l'invisible Laramée, le vieux gentilhomme s'écria :— Dis au berger d'envoyer ses chiens, et qu'ils fassent rentrer ces camargouins chez eux. La danse du greffier et du clerc a assez duré.

A peine le baron avait-il cessé de parler, que trois chiens de berger, de grande taille, sortirent d'une porte entrebâillée et coururent droit aux taureaux. Ceux-ci, après quelques façons, finirent par rentrer au galop dans leur écurie, le prétendu magasin d'armes et d'artillerie de la Maison-Forte, ainsi que le disait traîtreusement l'écriteau.

Le greffier et son clerc, se voyant délivrés du péril, n'osèrent pourtant pas encore descendre de leur position presque inexpugnable. En vain Laramée, portant deux verres pleins sur un plateau, vint de la part du baron leur offrir le coup de l'étrier, leur disant, ce qui était vrai, que le pont était remis en place, et que les chevaux et les mules les attendaient dehors.

— Je ne sortirai pas d'ici que mon clerc n'ait dressé procès-verbal de l'énorme attentat dont le baron, votre maître, vient de se rendre coupable à notre égard — s'écria le greffier d'une voix essoufflée, en s'essuyant le front, car il ruisselait de sueur, malgré le froid.

— Vous nous réservez peut-être quelque autre mauvais traitement, mais monseigneur le gouverneur, et au besoin monseigneur le cardinal me vengera... et maugrebleu ! il ne restera pas pierre sur pierre de cette maison maudite que Satan confonde...

Raymond V, tenant à la main un grand fouet de chasse, descendit dans la cour, donna deux pistoles au hallebardier qui avait bravement combattu le taureau, et s'avança vers l'arbre au moment où le greffier fulminait ses menaces.

— Qu'est-ce à dire, drôle ? — dit le baron en faisant claquer son fouet.

— Je dis — s'écria le greffier — je dis que monseigneur le maréchal ne laissera pas cette offense impunie, et qu'à mon arrivée à Marseille où il se trouve, je lui dirai tout... je...

— Eh! maujour! — s'écria le baron en faisant de nouveau claquer son fouet. — Je l'espère bien, que tu lui diras tout! c'est justement pour que tu le lui dises... que je t'ai reçu de la sorte, afin qu'il apprenne le cas que je fais de ses ordres. Maujour! — s'écria le vieux gentilhomme en ne pouvant maîtriser sa colère — la noblesse provençale a su, dans le dernier siècle, chasser de sa province l'insolent duc d'Épernon et ses Gascons, comme indigne de la commander, et elle ne chasserait pas un Vitry, un misérable assassin!!... qui se conduit en bandit italien! qui laisse nos côtes sans défense, qui nous oblige à nous garder nous-mêmes et qui veut nous ôter les moyens de résister aux pirates? Hors d'ici... drôle, et va rédiger ton grimoire ailleurs que chez moi.

— Je ne descendrai pas! — s'écria le greffier.

— Veux-tu donc que je t'enfume sur ton arbre comme un blaireau dans le tronc d'un saule? — s'écria le baron.

Croyant Raymond V capable de tout, maître Isnard descendit lentement de son arbre. Son scribe, qui était resté muet, imita ses mouvements et il arriva à terre en même temps que son maître.

— Tiens, lui dit le baron, en mettant quelques pièces d'argent dans la main du scribe, tu boiras à la santé du Roi, notre comte. Tout ceci n'est pas de ta faute, clerc.

— Je vous défends d'accepter une obole — s'écria le greffier.

— Vous serez obéi, maître Isnard — dit le scribe. — Ce sont deux écus d'argent et non pas une obole — et il empocha le présent.

— Et moi, j'ajouterai dans mon procès-verbal que vous avez tenté de corrompre mes agents — s'écria le greffier.

— Hors d'ici, hors d'ici, bête puante*! — dit le baron, en faisant encore claquer son fouet.

— Vous donnez aux gens une étrange hospitalité, baron des Anbiez — dit le greffier avec amertume.

Ce reproche parut affecter profondément Raymond V; il s'écria : — Maujour! tout le pays sait que le seigneur comme le pauvre ont

---

* On nomme ainsi en terme de vénerie renards, blaireaux, fouines, etc.

toujours trouvé franc asile et loyale hospitalité dans cette maison. Mais je suis et je serai toujours sans pitié pour les tyranneaux du cardinal tyran. Hors d'ici, te dis-je, ou je te fouaille comme un chien en défaut.

— Il sera bien dit — s'écria le greffier pourpre de rage, en marchant à reculons et en se dirigeant vers le pont — il sera bien dit que vous avez voulu attenter à la vie d'un officier de la justice du roi, et que vous l'avez chassé de chez vous à coups de fouet, au lieu de lui laisser paisiblement exécuter les ordres de Son Éminence monseigneur le cardinal et de monseigneur le maréchal.

— Oui, oui, tu diras tout cela à ton maréchal, et tu ajouteras que s'il vient ici, quoique j'aie la barbe grise, je me charge de lui prouver l'épée à la main et la dague au poing qu'il n'est qu'un assassin gagé et que son maître le cardinal (que Dieu en préserve le Roi) n'est qu'une manière de pacha chrétien, mille fois plus despote que le Turc... Tu lui diras qu'il prenne garde de nous pousser à bout... parce que nous pourrions nous souvenir à temps d'un noble prince, frère d'un noble et bon roi pour le moment aveuglé par ce faux prêtre, cousin de Belzébuth. Tu lui diras, enfin, que la noblesse de Provence, lassée de tant d'outrages, aimerait autant avoir pour comte souverain, Gaston d'Orléans, que le Roi de France... puisqu'à cette heure le Roi de France est Richelieu !

— Prenez garde, baron, dit tout bas le sieur de Signerol. Vous allez trop loin.

— Eh ! maujour ! — s'écria l'impétueux baron — ma tête répond de mes paroles, mais j'ai un bras, Dieu merci, pour défendre ma tête ! Hors d'ici, drôle. Ouvre bien tes longues oreilles et referme-les bien pour tout retenir ! Quant à nos canons et nos munitions, tu n'en verras rien. Nous renoncerons à nos armes, quand les chiens prieront les loups de leur couper les pattes et de leur arracher les dents.. Hors d'ici, te dis-je, et répète mes paroles... et pis encore, si bon te semble...

Le greffier étant arrivé à la grille traversa rapidement le pont, suivi de son clerc et de ses gardes, et lança en montant à cheval un foudroyant anathême sur la maison du baron.

Raymond V, ravi de son équipée, rentra avec ses hôtes et retourna se mettre à table, car l'heure du goûter était à peu près venue.

La fin de la journée se passa dans la joie au milieu des gais propos que suscita cette aventure.

D'une des fenêtres du château Honorat de Berrol avait assisté à cette scène. Sachant l'opiniâtreté de son futur beau-père, il n'avait tenté aucune remontrance, mais il ne put s'empêcher de frémir en songeant aux paroles imprudentes qu'avait prononcées Raymond V au sujet de Gaston d'Orléans.

CHAPITRE XI.

LE BOHÉMIEN.

Plusieurs jours s'étaient passés depuis que maître Isnard, le greffier, avait été chassé si vertement de la Maison-Forte des Anbiez.

La conduite du baron envers les envoyés du maréchal, duc de Vitry, avait été généralement approuvée par la noblesse des environs.

Un très petit nombre de gentilshommes s'était soumis aux ordres du gouverneur.

Maître Isnard, établi dans une hôtellerie de la Ciotat, avait envoyé un exprès à Marseille, afin d'avertir M. de Vitry des vives résistances qu'il rencontrait au sujet du recensement des armes.

La bourgeoisie se rangeait ordinairement du côté de la noblesse et du clergé qui défendaient les droits et les priviléges provençaux.

Les trois états — *clergé sacré — noblesse illustre — république et provençales communautés*, ainsi que les nomme César de Nostradamus [*], se soutenaient contre l'ennemi commun, c'est-à-dire contre tout gouverneur qui ne semblait pas digne aux Provençaux de régir leur pays et qui attaquait leurs priviléges.

Néanmoins, il y avait quelquefois des scissions passagères entre la noblesse et la bourgeoisie, lorsque les intérêts particuliers se trouvaient en jeu.

Maître Isnard était arrivé à la Ciotat dans un moment favorable à ses ressentiments contre Raymond V.

L'un des consuls de la ville, maître Talebard-Talebardon soutenait au nom de la bourgeoisie un procès contre le baron, au sujet de certains filets de pêche appelés madragues, que le seigneur des Anbiez avait fait établir illégalement, disait le consul, dans une anse

---

[*] Histoire de Provence.

où il se prétendait le droit de pêche, ce qui portait un grand préjudice aux intérêts de la ville.

Quoique les habitants de la Ciotat eussent en mainte occasion trouvé secours et appui auprès du baron, quoiqu'à la dernière descente des pirates il eût, à la tête de ses gens armés, vaillemment combattu et presque sauvé la ville, la reconnaissance des citoyens n'allait pas jusqu'à une soumission absolue aux volontés de Raymond V.

Le consul Talebard-Talebardon, antagoniste personnel du baron, exagérant encore les torts de ce dernier, avait envenimé la question, de telle sorte qu'une assez grande irritation se manifestait déjà parmi les bourgeois.

Arrivant sur ces entrefaites, maître Isnard exploita ces dissentiments, aviva le feu, parla longuement de sa cruelle réception à la Maison-Forte. Quoiqu'il ne fût pas du pays, il parvint à faire envisager l'outrage qu'on lui avait fait comme une question de noble à bourgeois.

Le greffier décida les consuls à se renfermer dans leur dignité et à poursuivre rigoureusement le baron devant le tribunal des prud'hommes de mer, au lieu de continuer des négociations amiables alors entamées.

Une fois dans ces dispositions malveillantes, les esprits ne s'arrêtèrent pas là. On oublia les services réels que Raymond V avait rendus à la ville, son hospitalité généreuse, le bien qu'il faisait aux environs, pour se souvenir qu'il était injurieux, colère et toujours prêt à lever sa houssine.

On exagéra les dégâts que ses chiens faisaient pendant ses chasses, on parla de la façon brutale dont il avait traité les bourgeois lors de leurs représentations au sujet de la madrague; enfin, depuis l'apparition du greffier de la Ciotat, on commença à parler du seigneur des Aubiez comme d'un véritable tyran féodal.

Pendant que l'orage grossissait de ce côté, le calme le plus parfait régnait dans la Maison-Forte.

Raymond V buvait et chassait de plus belle; d'une activité non pareille, presque chaque jour, en parcourant ses domaines, il allait visiter ses voisins dans leurs gentilhommières, afin, disait-il, d'entretenir le feu sacré ou plutôt l'animadversion générale contre le maréchal de Vitry, demandant à chacun sa signature au bas d'une manière de supplique adressée au roi.

Dans ce manifeste, la noblesse provençale lui demandait formellement le renvoi du maréchal, rappelant à Louis XIII que son père, de glorieuse mémoire, le bon, le grand Henri, avait dans de pareilles circonstances rappelé le duc d'Épernon pour faire droit aux justes doléances du pays.

Enfin la noblesse exprimait dans cet acte ses respectueux regrets de ne pouvoir obéir aux ordres du cardinal, en renonçant au droit d'armer leurs maisons, leur propre salut leur commandant d'être toujours en état de défense.

Redoublant d'activité, le baron retrouvait, disait-il, ses jambes et ses bras de vingt ans dans cette croisade contre le maréchal de Vitry.

Telle était la physionomie *morale* de la Maison-Forte, quelques jours après l'événement dont nous avons parlé.

On n'a pas oublié le bohémien qui, venu à la suite du greffier, avait sur l'invitation du baron, escaladé le balcon d'une manière si leste et si surprenante.

Pour nous servir d'une expression toute moderne et toute spéciale, le bohémien vagabond était devenu *très à la mode* dans la rustique et guerrière habitation de Raymond V.

D'abord il avait raccommodé une foule *d'ustensiles* de ménage avec une adresse remarquable.

Puis *Éclair*, le lévrier favori du baron, s'étant luxé une patte, le bohémien alla cueillir sur la montagne certaines herbes au clair de lune, en entoura soigneusement *la partie malade,* et le lendemain Éclair put déployer ses jarrets nerveux sur les bruyères roses des vallées et des plaines baroniales.

Ce n'est pas tout, Mistraoü, le cheval favori de Raymond V, avait été blessé à la fourchette par un caillou tranchant ; au moyen d'une mince plaque de fer adroitement placée dans l'échancrure du fer, le bohémien obtint une sorte de ferrure à la turque, qui préserva désormais de toute atteinte le pied douloureux de Mistraoü.

Le baron raffolait du bohême. Dame Dulceline elle-même, malgré sa sainte horreur pour ce mécréant qui, n'ayant pas été baptisé, ne portait aucun nom chrétien, s'apprivoisa quelque peu, lorsque le mécréant lui eut donné de merveilleuses recettes pour colorier des grains de verre, empailler des oiseaux et faire d'excellentes liqueurs.

Le bon abbé Mascarolus n'était pas moins sous le charme, grâce à quelques spécifiques pharamineux dont le bohémien lui avait donné le secret. Le seul chagrin du digne chapelain était de trouver le vagabond fort rétif et fort sauvage à l'endroit de sa conversion.

Tel était le côté sérieux des avantages du bohémien.

Il joignait à cela les talents les plus variés et les plus agréables; il avait dans une petite cage deux charmants pigeons privés qui montraient une intelligence surhumaine; son âne étonnait les gens de la Maison-Forte, par la grâce avec laquelle il marchait sur ses pieds de derrière; enfin le bohémien jouait avec des balles de fer, et des poignards, aussi bien que le meilleur jongleur indien; il était aussi bon tireur que le plus adroit carabin; enfin pour abréger l'énumération des nombreux talents d'agrément de ce vagabond, il chantait à merveille en s'accompagnant d'une sorte de guitare mosesque, à trois cordes.

C'est sans doute à ce talent qu'on devait attribuer le sobriquet du *chanteur*, seul nom sous lequel le bohémien était, disait-il, connu de ses camarades.

Stéphanette avait la première signalé à sa maîtresse le nouveau *troubadour ;* de fait, quoiqu'il fût plutôt laid que beau, les traits mobiles et expressifs du bohémien avaient presque du charme, lorsqu'il faisait entendre ses chants d'une mélodie suave et mélancolique.

Il faut se figurer la vie calme, monotone des habitants de la Maison-Forte, pour comprendre le *succès* du bohémien.

Reine, obsédée par Stéphanette, consentit à l'entendre.

Honorat de Berrol, de concert avec sa fiancée, s'était rendu à Marseille, à l'insu de Raymond V, afin de juger de l'effet que produiraient les plaintes du greffier.

Dans le cas où le baron aurait eu quelque chose à craindre, Honorat devait aussitôt en prévenir Reine et employer l'influence d'un de ses parents, ami du maréchal, pour calmer les ressentiments que l'imprudente conduite du baron pouvait soulever.

Reine crut donc trouver une distraction à ses pensées, en écoutant les chants du bohémien.

L'image de l'inconnu la poursuivait de plus en plus. Les circonstances mystérieuses, bizarres qui avaient si étrangement exalté ses souvenirs, l'intéressaient et l'effrayaient à la fois ; pourtant, voulant ou plutôt croyant mettre un terme à cette romanesque aventure, elle avait, à la grande joie d'Honorat, fixé son mariage au lendemain de la fête de Noël ; et pourtant plus le moment approchait, plus Reine se repentait de sa promesse.

Descendant au fond de son cœur, elle se demandait avec effroi si elle n'aimait plus autant son fiancé que par le passé... Mais cette question était vague... la jeune fille n'osait, pour ainsi dire, écouter la réponse que lui faisait sa conscience.

Reine était donc assez tristement assise dans la tourelle qui lui servait de salon, lorsque Stéphanette entra et dit à sa maîtresse :

— Mademoiselle, voici le chanteur ; il est dans la galerie, puis-je le faire entrer ?

— A quoi bon ? — dit Reine avec insouciance.

— A quoi bon, Mademoiselle? mais à vous distraire de ces sorcelleries qui vous tourmentent. Quel dommage que ce mécréant soit un mécréant! Vraiment, Mademoiselle, depuis qu'il a quitté son surcot de cuir et que monseigneur lui a fait présent d'un pourpoint écarlate, il a l'air d'un gendarme ; de plus, il a la langue dorée, je vous en réponds. Est-ce qu'il n'a pas fallu, s'il vous plaît, lui donner le ruban couleur de feu que j'avais autour de ma tête, pour nouer son collet? sans cela, il n'aurait jamais osé, disait-il, se présenter devant mademoiselle.

— Je vois, mon enfant, que tu t'es sacrifiée — dit Reine en souriant malgré elle — je doute seulement que Luquin te félicite beaucoup de ce beau dévoûment. Mais quand revient-il, ce brave capitaine ?

— Ce soir ou demain matin, Mademoiselle ; des pêcheurs l'ont rencontré près de Fréjus, il était obligé de régler la marche de sa tartane sur celle des pesants bâtiments qu'il ramenait de Nice pour les escorter.

— Et il trouvera bon, crois-tu, que tu donnes des rubans à ce chanteur vagabond ?

— Notre-Dame ! qu'il le trouve bon ou mauvais, peu m'importe, il s'agissait de procurer une distraction à ma chère maîtresse... je n'ai pas dû hésiter pour un méchant bout de ruban...

— Ah !.. Stéphanette... Stéphanette... tu es bien coquette, j'ai vu plus d'une fois les yeux noirs et perçants de ce vagabond s'arrêter sur les tiens !

— Cela montre, Mademoiselle, qu'il approuve le goût de Luquin, et mon capitaine ne peut qu'en être flatté — dit la jeune fille en souriant.

— Tu as tort... tu fâcheras ton fiancé — reprit Reine avec une expression plus sérieuse.

— Ah ! ma bonne maîtresse, ne peut-on aimer loyalement, tendrement son fiancé et se divertir des flatteries d'un vagabond étranger, comme vous le dites.

Reine prit pour une allusion à ses propres

pensées cette réponse à laquelle Stéphanette n'avait réellement attaché aucun sens.

Elle regarda sévèrement sa suivante en lui disant d'un air impérieux : — Stéphanette!!

Le naïf et joli visage de la jeune fille prit tout-à-coup une expression si triste, elle leva sur sa maîtresse ses grands yeux si douloureusement surpris et dans lesquels une larme brillait déjà, que Reine lui tendit la main en lui disant :

— Allons, allons, tu es une folle... mais une bonne et honnête fille.

Stéphanette, souriant dans ses larmes, baisa avec une tendre reconnaissance la main de sa maîtresse, et dit en essuyant ses yeux du bout de ses doigts effilés : — Dois-je faire entrer le chanteur, Mademoiselle?

— Allons donc, puisque tu le veux, que le sacrifice de ton beau ruban couleur de feu te serve à quelque chose, au moins.

Stéphanette sourit d'un air malin, sortit, et rentra suivie du bohémien.

CHAPITRE XII.

LA GUZLA DE L'ÉMIR.

Malgré l'humilité de sa condition, le bohémien ne parut pas très intimidé par la présence de Reine.

Il la salua avec une sorte d'aisance respectueuse, tout en jetant un regard vif et rapide sur les objets qui l'entouraient.

Ainsi que l'avait remarqué Stéphanette, l'extérieur du chanteur avait beaucoup gagné ; sa taille svelte et bien prise se dessinait à merveille sous le pourpoint écarlate, présent du baron ; son collet était attaché par le nœud de ruban couleur de feu, présent de Stéphanette ; il portait de larges brayes de grosse étoffe blanche; ses guêtres de drap bleu, brodées de laine rouge, lui montaient au-dessus du genou. Ses cheveux noirs encadraient son visage maigre, hâlé, mais très intelligent.

Il tenait à la main une espèce de guitare à manche d'ébène, précieusement incrusté d'écaille de nacre et d'or ; à son extrémité supérieure, le manche formait une sorte de palette, au milieu de laquelle on voyait une petite plaque ronde en or ciselé, ressemblant au couvercle d'un médaillon.

Nous insistons sur la richesse de cet instrument, parce qu'il paraissait au moins très étrange qu'un bohémien vagabond en fût possesseur.

Stéphanette elle-même en fut frappée, et s'écria :

— Mais je ne vous avais pas encore vu cette belle guitare, chanteur !

Ces mots attirèrent l'attention de Reine; aussi surprise que sa suivante, elle dit au bohémien :

— En effet, pour un artisan voyageur, voici qui est bien riche ?

— Je suis pauvre, Mademoiselle ; j'ai quelquefois manqué de pain. Eh bien ! je serais mort de faim plutôt que de vendre cette guzla, Mes bras sont faibles, mais ils deviendraient d'airain pour défendre cette guzla... On ne me la ravirait qu'après ma mort... C'est mon trésor le plus précieux... J'ose à peine en jouer... Mais la rose des Anbiez a voulu m'entendre ; tout ce que je désire maintenant, c'est que ma chanson soit digne de l'instrument et de celle qui m'écoute.

Le bohémien parlait assez purement le français, quoiqu'il y eût quelque chose de guttural dans sa prononciation arabe.

Reine échangea un regard de surprise avec sa suivante en entendant ce langage d'une recherche orientale, qui contrastait singulièrement avec l'état de ce vagabond.

— Mais cette guzla, ainsi que vous appelez cet instrument, comment la possédez-vous ?

Le bohémien secoua mélancoliquement la tête, et répondit :

— C'est une triste chanson que celle-là, Mademoiselle. Il y a là plus de larmes que de sourire.

— Dites, dites — s'écria Reine, vivement intéressée par la tournure romanesque de cet incident. — Racontez comment cette guzla est entre vos mains. Vous semblez être au-dessus de votre condition.

Le bohémien poussa un profond soupir, attacha un regard perçant sur Reine, et fit entendre quelques accords qui vibrèrent longtemps sous les voûtes sonores de la tourelle.

—Mais l'histoire de cette guzla?—dit Reine avec une impatience de jeune fille.

Le vagabond, sans répondre, fit de la main un geste suppliant. Il commença à chanter en s'accompagnant avec goût, ou plutôt en jouant en sourdine des motifs d'une tendre mélancolie, pendant que, de sa voix douce et grave, il disait les stances suivantes :

Quoiqu'il manquât de mesure et de rime, ce langage avait un certain charme étrange. Le bohémien commença :

— « Lointain est le pays où je suis né ; les
« sables du désert l'entourent comme une mer
« aride.

« Je vivais là près de ma mère : elle était
« pauvre, elle était vieille, elle était aveugle.

« J'aimais ma mère, comme les malheu-
« reux aiment ceux qui les aiment.

« Ma mère était triste, triste, bien triste
« depuis qu'elle avait perdu la vue.

« J'allais dans la vallée chercher des fleurs.

« Elle tâchait de se consoler de ne pas voir
« leurs riantes couleurs en sentant leur par-
« fum.

« La voix d'un fils est toujours douce à l'o-
« reille d'une mère...

« Je lui parlais; elle souriait quelquefois.

« Mais ne plus voir! mais ne plus voir!
« cela l'accablait.

« Elle tomba peu à peu dans un morne
« désespoir.

« Avant ce désespoir, s'appuyant sur mon
« bras, elle sortait; elle aimait à aller s'as-
« seoir, au soleil couchant, sous les orangers
« du jardin du jeune et brave émir de notre
« tribu.

« La douce chaleur du soleil ranimait ma
« mère.

« Elle se plaisait au frais murmure des
« cascades, qui semblaient chanter en tom-
« bant dans leur bassin de marbre.

« Un jour qu'elle regrettait plus amèrement
« encore que de coutume sa vue perdue, elle
« refusa de sortir désormais.

« Je la priai... je pleurai, elle fut inflexible.

« Retirée dans le coin le plus solitaire de
« notre demeure, sa tête vénérable enve-
« loppée dans sa mante noire, elle restait
« immobile.

« Elle ne voulut plus manger, elle voulut
« mourir.

« Depuis un long jour, depuis une longue
« nuit, elle avait tout refusé.

« En vain, je disais... ma mère... ma
« mère... comme vous aussi je mourrai.

« Elle restait silencieuse et sombre.

« Je pris sa main... sa main déjà glacée ;
« je tâchai de la réchauffer de mon haleine :
« elle voulut retirer sa main. »

En disant ces mots, la voix du bohémien avait une telle expression de tristesse, les sons qu'il tira de sa guzla avaient un caractère si mélancolique, que Reine et Stéphanette échangèrent en silence leurs regards baignés de larmes. Le bohémien continua, sans s'apercevoir de l'émotion qu'il causait.

« Il faisait nuit.

« Une belle nuit pourtant! à travers la fe-
« nêtre ouverte de notre maison... on voyait
« un ciel étoilé ; la lune argentait la plaine ;
« on n'entendait aucun bruit... aucun...

« Si, oh si! on entendait la respiration fié-
« vreuse de ma pauvre mère.

« Tout-à-coup au loin... bien loin, très loin,
« s'éleva un léger bruit.

« C'était comme le doux et faible écho
« d'une voix chantant dans le ciel.

« Bientôt une bouffée de brise, toute char-
« gée du parfum des citronniers, apporta des
« sons plus distincts.

« Je tenais toujours la main glacée de ma
« mère... je la sentis tressaillir.

« Cette voix céleste approchait... appro-
« chait.

« Les accords d'un instrument mélodieux
« l'accompagnaient et lui donnaient un char-
« me inexprimable.

« Ma mère tressaillait encore... elle releva
« sa tête... elle écouta... pour la première fois
« depuis bien des heures, elle donna quelques
« signes de vie.

« A mesure que les accents enchanteurs
« arrivaient jusqu'à nous, on eût dit que ma
« mère renaissait.

« Je sentis sa main se réchauffer... je sentis
« sa main presser la mienne.

« J'entendis sa voix... enfin... sa voix jus-
« qu'alors muette... — Mon enfant !... ces
« chants me vont à l'âme... ils me calment...
« Des larmes... oh ! des larmes... enfin des
« larmes, j'avais tant besoin de pleurer.

« Et je sentis deux larmes brûlantes...
« tomber sur mon front.

« Oh ! ma mère... ma mère ! — Silence...
« mon enfant... tais-toi — dit-elle en mettant
« une de ses mains sur ma bouche, et me
« montrant de l'autre la fenêtre — écoute la
« voix, écoute... la voilà... la voilà... »

Reine, profondément émue, serra la main de Stéphanette en secouant la tête avec une touchante expression de pitié.

Le bohémien continua :

« La lune de mon pays rayonne comme le
« soleil de ce pays-ci.

« A sa clarté passa lentement le jeune émir,
« monté sur Azïb, son beau cheval blanc.

« Azïb, doux comme l'agneau, courageux
« comme le lion, blanc comme le cygne.

« L'émir laissait flotter ses rênes d'or sur
« le cou d'Azïb. Heureux, il chantait un
« amour heureux, en s'accompagnant de sa
« guzla.

« Ses chants n'étaient pas joyeux ; ils
« étaient tendres, ils étaient mélancoliques.

« Il passa en chantant.

« — Silence... enfant... silence — dit tout
« bas ma mère en me serrant convulsivement
« la main — cette voix divine me fait tant de
« bien !...

« Hélas ! peu à peu la voix s'éloigna, l'émir
« était passé, la voix s'affaiblit ; puis bientôt
« on n'entendit plus rien... plus rien... pas
« un son.

« — Ah ! je retombe dans la misérable hor-
« reur de ma nuit — dit ma mère. — On eût
« dit que cette harmonie céleste en dissipait
« les ténèbres... Hélas !... hélas !... Et elle se
« tordait les mains avec désespoir.

« Hélas ! toute la nuit elle pleura.

« Le lendemain, son désespoir augmenta,
« sa raison s'affaiblit ; dans son délire... elle

« m'appelait méchant fils, elle m'accusait de
« ne plus lui faire entendre cette voix ; si elle
« n'entendait plus cette voix, elle allait
« mourir.

« Elle allait mourir, en effet. Depuis bien
« des heures elle avait refusé toute nourri-
« ture. Que faire? que faire?

« L'émir de notre tribu était le plus puis-
« sant des émirs.

« S'il levait son djerid, dix mille de ses
« cavaliers montaient à cheval.

« Son palais était digne du sultan... ses tré-
« sors immenses. Hélas! comment oser seu-
« lement concevoir la pensée de lui dire:
« — Viens par tes chants arracher à la mort
« une pauvre vieille femme infirme et déses-
« pérée.

« Et pourtant cela... je l'osai. Ma mère
« n'avait peut-être plus que quelques heures
« à vivre... je me rendis au palais... »

— Et l'émir ! — s'écria Reine profondément émue et intéressée, tandis que Stéphanette, non moins attendrie que sa maîtresse,
joignait les mains avec admiration.

Le bohémien jeta aux deux jeunes filles un

regard d'une indéfinissable tristesse, et dit, en interrompant cette espèce d'improvisation et en posant sa guitare sur ses genoux : — *Une femme fut ma mère* — me dit l'émir, et il vint.

— Il vint! — s'écria Reine avec enthousiasme — ah! le noble cœur!

— Oh! oui, le plus noble des nobles cœurs! —répéta le bohémien avec exaltation —il daigna, lui si grand, lui si puissant, venir pendant cinq jours, chaque soir, dans notre pauvre demeure........ Comment vous dire sa bonté touchante, presque filiale? Hélas! si ma mère n'avait pas eu en elle le germe d'une maladie mortelle, les chants de l'émir l'auraient sauvée... car l'effet qu'ils produisaient sur elle tenait du prodige... Mais elle mourut du moins presque sans souffrir... dans une extase profonde. Cette guzla!... c'était celle de l'émir; il me l'a donnée... grâce à elle; les derniers moments de ma mère ont été paisibles... pauvre mère!...

Une larme brilla un moment dans les yeux noirs du bohémien; puis, comme s'il eût voulu chasser ces souvenirs douloureux, il reprit vivement la guzla, et dit ces autres stances d'une voix fière et exaltée, en faisant vibrer l'instrument sonore.

« Le nom de l'émir est sacré dans sa tribu:
« qu'il le dise et nous mourrons...

« Pas un n'est plus brave... pas un n'est
« plus beau... pas un n'est plus noble.

« Il a vingt ans à peine, et son nom est
« déjà l'effroi des autres tribus.

« Son bras est délicat comme celui d'une
« femme, mais il est fort comme celui d'un
« guerrier.

« Son visage est riant, est beau comme ce-
« lui du génie qui apparaît dans les rêves des
« jeunes filles ! mais il est quelquefois terrible
« comme celui du génie des batailles !!...

« Sa voix charme et séduit comme un phil-
« tre magique, mais elle éclate aussi quelque-
« fois comme le clairon. »

Dans son enthousiasme, le bohémien s'approcha de Reine, et lui dit, en ouvrant le médaillon incrusté dans le manche de la guzla :

— Voyez... voyez... s'il n'est pas le plus beau des mortels !

La jeune fille regarda le portrait... et poussa un cri de surprise, presque d'effroi... ce portrait était celui de l'étranger des roches d'Ollioules, qui avait sauvé la vie à son père.

A ce moment, on ouvrit la porte du salon de Reine, et elle vit paraître Honorat de Berrol, suivi du capitaine Luquin Trinquetaille, arrivant de Nice sur la tartane *la Sainte-Épouvante des Moresques, avec la grâce de Dieu.*

CHAPITRE XIII.

JALOUSIE.

Lorsque Honorat de Berrol entra chez Reine, Stéphanette voulut se retirer pour laisser seuls les deux fiancés.

Elle fit un pas vers la porte, mais Reine lui dit vivement et d'une voix émue : — Restez.

Puis, contenant à peine ses ressentiments, elle baissa la tête et se cacha le visage dans ses deux mains.

Honorat, au comble de l'étonnement, ne savait que penser.

Le bohémien avait fermé le médaillon où était le portrait d'Érèbe, et l'avait posé sur une table.

Le capitaine de *la Sainte-Épouvante des Moresques* tâchait en vain de rencontrer le regard de Stéphanette, elle semblait prendre à tâche de l'éviter.

Luquin Trinquetaille fut d'autant plus sensible à cette affectation, qu'il venait de reconnaître au collet du bohémien certain ruban, couleur de feu, absolument pareil à celui que portait Stéphanette, à son corsage.

Cette remarque, jointe à quelques perfides insinuations dont maître Laramée venait de se rendre coupable en trinquant avec Luquin, éveilla tout-à-coup la jalousie de ce dernier.

Il regarda le chanteur d'un air courroucé, puis, rencontrant par hasard les yeux de Stéphanette, il lui fit de la main gauche des signes mimiques des plus compliqués ; car il s'agissait de demander à la jeune fille pourquoi le chanteur avait un ruban pareil à celui de sa gorgerette.

Comme, dans cette pantomime, le digne capitaine portait souvent la main à son collet, Stéphanette lui dit tout bas, du ton le plus naïf du monde : Est-ce que vous avez mal à la gorge, monsieur Luquin ?

Ces mots de la malicieuse fille, en excitant la colère du capitaine, semblèrent aussi arracher Honorat à la sorte de stupeur où l'avait plongé l'étrange accueil de sa fiancée.

Il s'approcha d'elle, et lui dit : — J'arrive de Marseille, Reine ; j'ai à vous parler de choses très graves au sujet de monsieur votre père. Trinquetaille vient de la Ciotat, l'affaire de la pêche s'aggrave... les bourgeois semblent irritsé. Pour causer de tout cela, il serait nécessaire que nous fussions seuls.

A ces mots, la jeune fille releva son visage baigné de larmes, et d'un signe ordonna à Stéphanette de sortir ; elle obéit en jetant un triste regard sur sa maîtresse.

Trinquetaille suivit sa fiancée d'un air courroucé, et le bohémien les accompagna.

— Reine, au nom du ciel, qu'avez-vous ? — s'écria Honorat, dès qu'il fut seul avec mademoiselle des Anbiez.

— Rien... je n'ai rien, mon ami.

— Mais vous pleurez, mais vos traits sont bouleversés. Qu'est-il donc arrivé ?

— Rien, vous dis-je... un enfantillage. Le bohémien nous a chanté une romance de son pays ; cela était touchant, je me suis laissé attendrir. Mais ne parlons plus de cette folie... parlons de mon père... Y a-t-il du danger ? Le fâcheux traitement que l'on a fait subir au greffier a-t-il irrité le maréchal ? Et pour la pêche, que dit Luquin ? Mais Honorat... Honorat ! répondez-moi donc !

— Écoutez-moi, Reine, quoiqu'il s'agisse en effet d'incidents, sinon dangereux, du moins graves, laissez-moi d'abord vous parler de ce qui, pour moi, passe avant toute chose... de mon amour pour vous.

— Honorat... Honorat... et mon père ?

— Rassurez-vous, il n'y a dans ce moment aucun péril pour le baron. Le maréchal a dépêché deux de ses gens pour s'enquérir des faits.

— Mais, Luquin, que venait-il dire pour la pêche ?

— Il venait vous annoncer que les consuls renvoyaient leur discussion avec votre père pour les droits de pêche, par-devant le conseil des prud'hommes pêcheurs. Vous le voyez, Reine, ces nouvelles, quoique graves, n'ont rien de menaçant... et...

— Comment croyez-vous que le maréchal

envisage la conduite de mon père ? — dit Reine précipitamment, en interrompant encore Honorat.

Celui-ci la regarda avec autant de surprise que de chagrin.

— Mon Dieu, Reine, qu'est-ce que cela signifie ? Ne devons-nous pas être unis dans quelques jours ? à la Noël ? Vous est-il donc importun de m'entendre vous parler de mon amour ?

Reine fit un soupir et baissa la tête sans répondre.

— Tenez, Reine — s'écria Honorat avec amertume — depuis un mois, il se passe en vous quelque chose d'inexplicable... vous n'êtes plus la même, vous êtes distraite, préoccupée, taciturne ; quand je vous parle de notre union prochaine, de nos projets, de notre avenir, vous me répondez avec contrainte... encore une fois, ceci n'est pas naturel. Qu'avez-vous à me reprocher ?

— Rien... rien... oh ! rien... Honorat, vous êtes le meilleur, le plus noble des hommes !

— Mais enfin, il y a huit jours encore, vous avez vous-même formellement annoncé à votre père que vous désiriez que notre mariage eût lieu à la Noël, lors même que les événements empêcheraient votre oncle, le commandeur, et le père Elzéar d'y assister !

— C'est vrai...

— Eh bien !... avez-vous changé d'avis ? Est-ce un nouveau délai que vous demandez ? Vous ne me répondez pas.... mon Dieu !.... Qu'est-ce que cela signifie ? Reine... Reine... Ah ! je suis bien malheureux !

— Mon ami, ne vous désespérez pas ainsi... ayez pitié de moi... tenez... je suis folle... je suis indigne de votre affection, je vous tourmente, vous si bon... si noble...

— Mais enfin... qu'avez-vous ? que voulez-vous ?

— Je ne sais... je souffre... je... tenez... je vous dis que je suis folle, folle et bien misérable... croyez-moi.

Elle cacha son front dans ses mains. Honorat, au comble de l'étonnement, la contemplait avec une douloureuse angoisse.

— Ah !—s'écria-t-il—si je connaissais moins la pureté de votre cœur ; si l'évidence même ne m'empêchait pas de concevoir le moindre soupçon, je croirais qu'un rival m'a remplacé dans votre cœur... Mais non, non, si cela était, je connais votre franchise, vous me l'avoueriez sans rougir ; car vous êtes incapable de faire un choix indigne... Mais alors, qu'est-ce donc ? Il y a un mois vous m'aimiez tant... disiez-vous... depuis un mois, qu'ai-je fait pour démériter auprès de vous ?.. Ah ! c'est à devenir insensé !...

Et Honorat de Berrol, en proie à un violent chagrin, abîmé dans les plus tristes réflexions, marchait à grands pas en gardant un profond silence.

Reine, accablée, n'osait dire un mot. Un moment sur le point de tout avouer à Honorat, la honte l'avait retenue ; elle ne pouvait d'ailleurs encore distinguer nettement ses impressions.

Le récit du bohémien, l'incroyable hasard qui venait de lui mettre sous les yeux le portrait de l'inconnu, augmentaient encore sa curiosité et l'intérêt romanesque qu'elle éprouvait malgré elle pour cet étranger.

Mais ce sentiment était-il de l'amour ? D'ailleurs quel était cet homme ? Le bohémien le disait émir de sa tribu ; mais à Marseille, lui et ses deux compagnons avaient au contraire passé pour Moscovites ; comment dévoiler la vérité à travers tant de mystères ?.. Et puis enfin, reverrait-elle jamais cet homme ? N'était-il pas idolâtre ? Le trait touchant raconté par le bohémien était-il réel ?

Abîmée dans ce chaos de pensées confuses, Reine ne trouvait pas un mot à répondre à Honorat.

A quoi bon lui avouer ce secret inexplicable ? Si Reine eût senti son affection pour son fiancé décroître ou se modifier, avec sa loyauté ordinaire elle n'eût pas hésité à tout dire à Honorat ; mais elle éprouvait pour lui la même tendresse grave et calme, la même confiance, la même vénération un peu craintive.

Si quelquefois, en quittant la Maison-Forte, et encouragé par Raymond V, Honorat appuyait ses lèvres sur le front de la jeune fille, elle souriait sans ressentir aucun trouble.

Rien ne lui semblait changé dans son attachement pour Honorat, et pourtant elle voyait arriver avec inquiétude, avec angoisses, le jour de son mariage.

Sans doute ce manque de confiance envers Honorat était blâmable ; mais Reine devinait, par un instinct tout féminin, qu'il était aussi dangereux qu'inutile de parler à son fiancé des étranges préoccupations de son cœur.

Honorat paraissait profondément chagrin. Reine se reprocha de ne lui avoir pas dit un mot pour l'apaiser ; elle allait sans doute obéir à cette touchante inspiration, peut-être même, une fois dans cette voie de confiance et de sincérité, lui eût-elle tout avoué ; l'air irrité d'Honorat arrêta soudain la parole sur ses lèvres...

A force de chercher en vain la cause du refroidissement et de la bizarre conduite de Reine, frappé tout-à-coup de quelques vagues souvenirs, se rappelant que depuis un mois environ le seigneur de Signerol était venu à la Maison-Forte un peu plus souvent que d'habitude, Honorat vit follement dans cet homme l'objet des nouvelles préférences de Reine.

Cette pensée était d'autant moins fondée, que la jeune fille, causant avec son fiancé le jour de l'aventure du greffier, avait blâmé le seigneur de Signerol en termes presque méprisants, l'accusant d'exciter encore l'humeur impétueuse de Raymond V. En un mot, M. de Signerol n'avait peut-être jamais dit un mot en particulier à mademoiselle des Anbiez.

Honorat, dans son état d'irritation et de douleur, devait accueillir tout soupçon capable de lui expliquer l'étrange changement de Reine.

Une fois ce soupçon admis, il fut indigné de la manière dédaigneuse dont Reine lui avait parlé de cet homme grossier ; il vit dans ce langage la dissimulation la plus perfide.

Reine était à ses yeux doublement coupable. Libre de sa main, elle pouvait lui dire franchement d'y renoncer, au lieu de l'entretenir dans un douteux espoir. Une fois cette fausse donnée acceptée, M. de Berrol ne trouva que trop de sujets d'y rattacher les bizarreries qui le frappaient depuis quelque temps dans la conduite de Reine. Il alla jusqu'à s'imaginer que le bohémien était un émissaire de M. de Signerol.

Le trouble récent de Reine le confirma dans cette fausse idée. Ne pouvant cacher cette prévention, il dit tout-à-coup à Reine :

— Avouez, Mademoiselle, qu'il est au moins étrange que vous receviez familièrement chez vous un vagabond bohémien. Il me semble que, s'il n'avait fait que chanter, vous n'eussiez pas été si embarrassée, si émue, lorsque je suis entré ici.

Honorat, dans sa colère, n'avait fait ce reproche à Reine qu'à tout hasard ; une fois ces paroles dites, il en eut honte. Quel fut donc son étonnement, son dépit, sa douleur, de voir Reine rougir et baisser les yeux, sans répondre un seul mot.

Elle pensait au portrait de l'inconnu, à l'aventure qui s'y rattachait ; elle ne savait si les paroles d'Honorat y faisaient allusion.

Le trouble de la jeune fille confirma le chevalier dans ses doutes ; il s'écria avec amertume :

— Ah ! Reine !... jamais je ne vous aurais crue capable de vous oublier jusqu'à compromettre vos intérêts les plus chers en les confiant à un tel misérable.

— Que voulez-vous dire, Honorat ? Je ne vous comprends pas ? Voici la première fois que vous prononcez de telles paroles ?

— C'est que voici la première fois que j'ai la certitude d'être votre jouet ! — s'écria-t-il, incapable de se contenir.

— Mais, en vérité, vous ne pensez pas à ce que vous dites !

— Je dis.... je dis.... que maintenant je m'explique vos hésitations, votre contrainte, votre embarras ; mais ce que je ne m'explique pas... c'est que vous ayez la cruauté de faire jouer un rôle avilissant à un homme qui vous avait voué sa vie tout entière.

— Mais, Honorat.... vous perdez la tête... Je ne mérite pas vos reproches.

— De deux choses l'une..... ou depuis un mois vous songez à notre mariage, ou vous n'y songez plus. Si vous n'y songez plus, vous vous êtes jouée de l'amour d'un honnête homme... Si vous y songez malgré l'amour que vous avez dans le cœur... c'est odieux.

Quoique les soupçons d'Honorat fussent absurdes, Reine, frappée de ces mots qui offraient une allusion si frappante à sa situation, garda le silence.

Honorat interpréta ce silence comme un aveu de la duplicité de Reine.

— Vous ne répondez rien ;... vous ne pouvez répondre. Je ne m'étais donc pas trompé !

Ce bohémien est le secret émissaire de M. de Signerol.

— De M. de Signerol? — s'écria Reine. — Mais vous n'y songez pas..... Je n'ai jamais adressé la parole à cet homme que devant mon père... Vous savez d'ailleurs le cas que je fais de lui !

— Pour mieux dissimuler, sans doute, ce glorieux penchant !

— M. de Signerol... M. de Signerol... Mais vous êtes fou...

— Cessons cette comédie, Mademoiselle ; depuis un moment je ne vous ai pas quittée des yeux ; j'ai remarqué votre trouble, votre rougeur, quand je suis venu à parler du bohémien. Cessons cette comédie, vous dis-je !

Soit fierté, soit chagrin, soit dépit de ne pouvoir expliquer la cause de son embarras, soit enfin qu'elle fût blessée des paroles acerbes d'Honorat, Reine, redressant la tête avec dignité, dit à son fiancé :

— Vous avez raison, Honorat ; ne continuons pas une pareille discussion : elle est peu digne de vous et de moi. Puisque vous me jugez si mal... puisque sur les soupçons les plus fous vous basez l'accusation la plus ignominieuse... je vous rends votre parole, et je reprends la mienne.

— Ah! c'était là sans doute votre but, Mademoiselle; il a fallu que j'oubliasse presque ce que je vous devais pour vous forcer à la franchise. Eh bien! soit! que ces plans de bonheur sur lesquels je fondais ma vie entière soient oubliés! Que les vœux les plus chers de votre père, de votre famille, soient foulés aux pieds... Vous avez assez d'empire sur le baron pour le faire condescendre à vos desseins ; je vous assure que je ne m'y opposerai pas...

A ce moment, on entendit les talons éperonnés de Raymond V, et il entra précipitamment en tenant un papier à la main.

CHAPITRE XIV.

LA SOMMATION.

Raymond V paraissait beaucoup trop courroucé pour remarquer l'expression de tristesse et de chagrin empreinte sur les traits des deux fiancés.

S'adressant à Honorat, il s'écria :

— Maujour! sais-tu bien ce que Trinquetaille vient de m'apprendre? Croirais-tu, mon fils, que les bourgeois de la Ciotat, ces vils pourceaux que j'ai souvent engraissés de mes bienfaits ou que j'ai sauvés de la dent des chiens barbaresques, veulent m'assigner demain dimanche devant les cinq prud'hommes de mer pour notre contestation de pêche... Et l'abbé prétend que...

Puis, se retournant vers la porte, le baron s'écria : — Mais avancez donc l'abbé ; où diable êtes-vous fourré ?

Le bon chapelain montra sa longue figure entre les deux pans de la portière, car il s'était discrètement tenu dans l'antichambre.

— L'abbé — reprit Raymond V — l'abbé prétend qu'il est souverain, s'il vous plaît ? Ce beau tribunal ! composé du père Cadaoü le marchand de poissons et de quelques autres tritons mangeurs d'ail, qui possèdent à peine à eux tous une barque et un filet; maujour! mes enfants, me voyez-vous mis au ban de ces vieux drôles !

— Monseigneur — dit l'abbé Mascarolus — la juridiction des prud'hommes de mer en matière de pêche est suprême et sans appel. Elle a été confirmée par lettres patentes de Henri II en 1557, de Charles IX en 1564, et du roi notre comte en 1622. C'est une des plus vieilles coutumes des communautés provençales. Il n'y a pas d'exemple que noble, prêtre ou bourgeois, ait décliné sa juridiction... et monseigneur...

— Assez, l'abbé... assez — dit brusquement le baron — s'ils ont l'impudence de me citer... je n'aurai pas la faiblesse d'obéir à leur citation... quand même elle me serait faite en vertu des lettres patentes de tous les rois que l'abbé vient de nous décliner... Aux patentes des rois, moi, j'apporterai des titres et des priviléges concédés par d'autres rois à ma maison pour les services que leur a rendus ma famille. Mes madragues et mes filets resteront où ils sont, et par le diable! j'en ferai faire bonne garde.

— Monsieur, permettez-moi — dit Honorat.

— Monsieur? Eh! pourquoi diable m'appelles-tu monsieur? — s'écria le baron en interrogeant Honorat.

Celui-ci jeta un douloureux regard sur Reine, comme pour lui faire comprendre que, grâce à elle, il ne pouvait plus désormais donner ce tendre nom à Raymond V.

Honorat reprit d'une voix émue : — Eh bien! puisque vous le désirez... mon père...

— Ah ça! qu'est-ce qu'il a donc? — demanda le baron à sa fille d'un air étonné. — Eh! sans doute! je veux que tu m'appelles ton père... puisque tu es... ou plutôt puisque tu seras mon fils dans quelques jours.

Reine rougit, baissa les yeux et resta muette.

— Eh bien ! voyons, parle donc maintenant — dit le vieux gentilhomme à Honorat — qu'avais-tu à me dire?

— D'après ce que j'ai su — reprit celui-ci — les consuls excités par le greffier Isnard ont manifesté quelques sentiments hostiles contre vous, mon père : ne craignez-vous pas que les bourgeois et que les pêcheurs se joignent à ces méchantes gens? s'ils vous voient refuser de paraître... et...

— Moi... craindre ces drôles... mais je m'en moque comme d'un éperon cassé — s'écria impétueusement le vieux gentilhomme. — J'ai de père en fils le droit de poser des madragues et des filets dans l'anse de Castrembaoü, je persisterai dans mon droit, quand tous les pêcheurs de la côte d'ici à Sifour s'y opposeraient.

— Le fait est, monseigneur — dit l'abbé — que, bien qu'ils puissent être contestés, vous avez des droits. Vos titres et priviléges de pêche remontent à l'an 1221, le quatorzième jour des calendes de février, régnant Philippe, roi de France, lequel titre a été enregistré par Bertrand de Cornillon...

— Eh! qu'ai-je besoin de l'autorité des Bertrand et des Cornillon — s'écria le baron — le fait vaut le droit... et j'ai la force par-dessus le droit... Maujour! a-t-on vu pareille chicane! Quels bélitres!!... moi qui les ai toujours soutenus et défendus! Ah! qu'ils viennent encore s'adresser à moi!

— Ah! mon bon père!... ils vous trouveraient encore ce qu'ils vous ont toujours trouvé... généreux et bon...

— Je le crois bien, comment pourrais-je me venger de ces butors, si ce n'est en leur montrant qu'un gentilhomme est d'une meilleure souche qu'eux?

— Ah! je reconnais bien là monseigneur — dit l'abbé. — S'il voulait seulement faire examiner ses titres par les prud'hommes...

— Comment! faire examiner? J'ai chassé à coups de fouet un greffier envoyé par un duc et pair, maréchal de France, et j'irais me soumettre à l'arbitrage de ces vieilles jaquettes goudronnées, qui descendront de leur misérable barque pour monter à leur tribunal... j'irai me découvrir devant de vieux drôles qui auront le matin même de leur audience crié sur le port : Achetez... achetez *la bouille-abaisse!* Une populace que ma famille a toujours comblée... Dans son dernier voyage à Alger pour racheter des captifs, mon brave et bon frère Elzéar n'a-t-il pas ramené de Barbarie cinq habitants de la Ciotat ? Mon frère le commandeur, il y a trois ans, n'a-t-il pas donné la chasse avec sa galère noire à cinq ou six chebeks qui, croisant sur la côte, empêchaient leurs courses et qui ont fui devant la capitane du commandeur comme une nuée de moineaux devant un faucon ? Et ce sont ces gens-là qui m'accusent !... Au diable... qu'ils m'envoient leur greffier, et ils verront comment je l'accueillerai... j'ai justement une lanière neuve à mon fouet... Mais assez parlé de ces misères. Donne-moi ton bras, ma fille. Il fait un temps superbe, nous allons nous promener ; viens avec nous Honorat.

— Vous m'excuserez... mon père... j'ai besoin chez moi... et je ne pourrai vous accompagner...

— Tant pis... alors, va-t-en vite... pour revenir plus vite encore... Je ne crains rien de ces imbéciles moutons parqués dans la Ciotat, mais, s'ils faisaient quelques tentatives sur mes madragues... j'aurais besoin de toi... pour m'empêcher, dans mon premier mouvement, d'en faire pendre plusieurs par Laramée, au-dessus de mes filets, en manière d'épouvantails.

Puis le baron, cédant à son caractère mobile et impétueux, changea de ton et dit gaîment à l'abbé : — Or, si je faisais pendre quelques-uns de ces insolents, ce serait grave, car je ne sache pas que vous ayez quelque recette pharamineuse contre la pendaison ?

— Je vous demande pardon, Monseigneur, on m'a dit récemment, je n'oserais l'affirmer... qu'en faisant boire au patient, avant son exécution, une grande quantité d'eau ferrée..... qui, pour ainsi dire, enveloppe, baigne le principe vital et se fond avec lui... et que si, d'autre part, le patient porte sur la peau nue quelques grosses pierres magnétiques ou d'aimant, la force dudit aimant est telle, que, malgré l'agitation de la pendaison, il retient dans le corps le principe vital saturé de fer, vu son irrésistible puissance d'attraction sur ce métal.

— Notre-Dame !... voilà un merveilleux remède ; eh ! qui vous l'a enseigné ?

— Un pauvre homme qui a bien peu de souci de son âme, mais qui connaît beaucoup de belles recettes ; c'est le bohémien qui a guéri le lévrier de monseigneur.

— Le chanteur... maujour ! je conçois qu'il s'occupe de pendu et de pendaison, il pense à l'avenir ; chacun prêche pour son saint, n'est-ce pas, l'abbé ? ce qui n'empêche pas ce vagabond d'être un habile homme — dit Raymond V — jamais meilleur maréchal n'a levé le pied d'un cheval de chasse.

En entendant parler du vagabond, Reine rougit de nouveau ; Honorat put à peine réprimer un mouvement de dépit.

Raymond V continua :

— Dame Dulceline en est enchantée ; elle dit que, grâce à lui ! elle aura une crèche des plus magnifiques pour la Noël..... Mais tu l'as entendu chanter, ma fille, qu'en dis-tu ? Car je suis un mauvais juge, je ne connais d'autres chants que ceux de l'abbé et nos vieux refrains provençaux ; est-il vrai que ce vagabond ait une voix surprenante ?

Voulant mettre fin à une conversation qui lui était pénible par tant de motifs, Reine répondit à son père :

— Sans doute il chante fort bien ; je l'ai à peine entendu. Mais si vous le voulez, mon père, nous irons nous promener ; il est déjà deux heures et les jours sont courts.

Le baron descendit, suivi de sa fille. En passant dans la cour, il vit, par une porte de remise entr'ouverte, l'antique et lourd carrosse dont il se servait pour aller assister à l'église paroissiale de la Ciotat, aux fêtes solennelles de l'année, quoiqu'il eût sa chapelle à la Maison-Forte.

Sachant l'espèce d'irritation qui régnait contre lui dans la petite ville, l'opiniâtre et hardi baron, à la vue de ce carrosse, eut l'ingénieuse idée de vouloir braver la colère publique en se rendant le lendemain même à l'église avec une certaine pompe.

L'étonnement de Reine fut donc extrême lorsqu'elle entendit son père ordonner à Laramée de faire tenir le carrosse prêt pour le lendemain matin à midi, heure de la grand'-messe.

A toutes les questions de sa fille, le baron ne répondit que par un silence obstiné.

Maintenant, revenons à des acteurs moins importants.

En sortant avec Luquin de la chambre de sa maîtresse, Stéphanette avait dédaigné de répondre aux soupçons jaloux du capitaine, et s'était renfermée dans sa dignité et dans sa chambre. Les fenêtres de cette chambre donnaient sur la cour.

Par les fenêtres, la jeune fille vit à la fois et les préparatifs du carrosse, et Luquin Trinquetaille se promener de long en large d'un air agité.

Fut-ce curiosité de savoir par quel extraordinaire événement le baron s'apprêtait à sortir en carrosse... fut-ce pour se ménager une entrevue avec le capitaine, toujours est-il que la jeune fille descendit dans la cour.

Elle s'adressa d'abord à maître Laramée :

— Monseigneur va-t-il donc sortir en carrosse ?

— Tout ce que je sais, c'est que monseigneur m'a ordonné de faire préparer cette véritable arche de Noë. Et, à propos d'arche de Noë—ajouta maître Laramée d'un air sournois et ironique — si vous aviez un brin d'olivier dans votre joli petit bec rose, vous devriez le porter en signe de paix à ce brave capitaine marinier que vous voyez là arpenter la cour avec ses longues jambes, d'un air de possédé... On le dit en guerre ouverte avec la Bohême, et l'olivier est un symbole de paix qui flattera le digne capitaine Luquin.

— Il ne s'agit pas de cela, maître Laramée — dit Stéphanette d'un ton sec. — Où donc monseigneur va-t-il avec ce carrosse ? Est-ce aujourd'hui, est-ce demain qu'il s'en doit servir ?

— Demain saura aujourd'hui, et après-demain saura demain, Mademoiselle — dit brusquement le majordome, choqué de l'air impérieux de Stéphanette ; et il ajouta entre ses dents : — Voilà la colombe transformée en pie-grièche.

Pendant cette conversation, Luquin Trinquetaille s'est approché de Stéphanette. Le capitaine avait tâché de prendre à la fois un air digne, froid et suprêmement dédaigneux.

— Ma chère petite — dit-il à Stéphanette d'un ton dégagé — ne trouvez-vous pas que c'est une jolie couleur... la couleur de feu ?

Stéphanette tourna la tête en regardant derrière elle, et dit à Luquin :

— Votre chère petite ? Si c'est à Janette la lavandière que je vois là-bas que vous adressez cette question, il faut parler plus haut.

— Ce n'est pas à Janette que je parle, entendez-vous — s'écria Luquin en perdant patience... — Janette, toute lavandière qu'elle est, n'aurait pas l'audace... l'effronterie de donner un ruban à un vagabond bohémien.

— Ah ! nous y voilà... — dit la malicieuse fille.— Décidément ce ruban fait sur vous l'effet d'une banderolle écarlate sur un taureau de la Camargue.

— Puissé-je être un taureau de la Camargue, et à doubles cornes, ce vagabond en sentirait la pointe. Mais il n'importe, ce mécréant paiera cher son insolence ; que je meure si je ne lui coupe pas les oreilles pour les clouer au mât de ma tartane.

— Ce serait plutôt de sa langue que vous devriez être jaloux, mon pauvre Luquin ; car jamais trouvère du bon roi René n'a plus tendrement chanté.

— C'est donc la langue que je lui arracherai... mille doubles diables !

— Voyons, n'allez pas faire d'extravagances, Luquin. Le bohémien est aussi courageux, aussi adroit qu'un gendarme.

— Grand merci de votre pitié, Mademoiselle!... mais je ne me bats pas avec un chien... Je le bats.

— Oui ; mais le chien a quelquefois de bonnes dents qui mordent bien serré, je vous en préviens.

— Que je sois maudit, si vous n'êtes pas la plus diabolique créature que je connaisse — s'écria Trinquetaille. — Je crois, par saint Elme, mon patron, que je me battrais demain en champ clos contre cette face cuivrée, que vous diriez : — Notre-Dame pour le bohême !..

— Sans doute je le dirais.

— Vous le diriez !!!...

— Mais oui. Ne faut-il pas être du parti du faible contre le fort, du petit contre le grand ?

Ne faudrait-il pas au moins encourager le pauvre homme qui irait affronter le bras redoutable et formidable du capitaine de *la Sainte-Épouvante des Moresques?*

— Sainte-Croix! vous plaisantez, Stéphanette, et je n'en ai nulle envie.

— Cela se voit bien.

— Où est ce vaurien, ce vagabond?

— Voulez-vous que j'aille m'en informer sur l'heure? Aucune recherche ne me sera plus agréable.

— C'est trop fort; vous vous jouez de moi. Eh bien, adieu! Tout est rompu, entendez-vous, tout est rompu entre nous.

Stéphanette haussa les épaules, et dit : — Pourquoi dites-vous ces vanités-là?

— Comment, des vanités!

— Sans doute, des imaginations.

— Des imaginations! Ah! vous croyez?... des imaginations?... Eh bien! vous verrez. Ne croyez pas me prendre avec vos calineries..... Je les connais... larmes de crocodile.

— Ne dites pas cela, Luquin... Je vais vous forcer à vous mettre à genoux devant moi, et à me demander pardon de votre sotte jalousie.

— Moi... à genoux... Moi... vous demander pardon ! Ah ! ce serait joli... Ah ! ah !... moi à genoux... devant vous ?...

— A deux genoux, s'il vous plait.

— Ah ! ah ! l'idée est plaisante, sur ma parole !...

— Allons, allons, à l'instant même... ici... à cette place.

— Mademoiselle, vous êtes folle.

— Monsieur Luquin, dans votre intérêt, faites-le donc, je vous prie...

— Tarare !

— Prenez garde...

— Ta, ta, la, la, la — dit le capitaine en chantonnant entre ses dents, et en se levant en mesure sur la pointe des pieds, pour retomber sur ses talons.

— Une fois, deux fois ; vous ne voulez pas vous mettre à genoux, et me demander pardon de votre folle jalousie ?...

— J'aimerais mieux, voyez-vous, m'étrangler de mes propres mains.

— Luquin, vous savez que je veux ce que je veux. Si vous refusez ce que je vous demande, c'est moi qui vous dirai adieu... Et je ne reviendrai pas, moi, songez-y.

— Allez, allez, vous rencontrerez peut-être le bohémien sur la route.

Stéphanette ne dit pas un mot, se retourna brusquement, et s'éloigna.

Luquin fut assez brave pendant quelques instants, puis son courage faiblit; enfin, voyant que la jeune fille marchait d'un pas ferme, délibéré, sans retourner la tête, il la suivit, et d'une voix suppliante :

— Stéphanette!

La jeune fille doubla le pas.

— Stéphanette... Stéphanette, soyez donc raisonnable, vous savez bien que je vous aime.

Elle marcha toujours.

— Enfin, mille diables ! est-ce qu'il est possible que je vous demande pardon de ma jalousie, quand j'ai vu que...

Elle doubla le pas.

— Stéphanette, eh bien ! voyons... en vérité vous m'ensorcelez... vous me faites faire tout ce que vous voulez.

Elle ralentit un peu son pas.

— Au fait non, mille fois non, c'est absurde, je suis plus faible qu'un enfant.

Stéphanette sembla courir.

Il fallut que le capitaine de *la Sainte-Épouvante des Moresques* fît jouer ses longues jambes de héron pour l'atteindre, en disant d'une voix étouffée : — Eh bien ! voyons, diabolique créature que vous êtes... on fera ce que vous voudrez... me voici à genoux... seulement arrêtez-vous un moment... eh bien ! oui... j'ai eu tort... êtes-vous satisfaite... Est-il possible d'être aussi lâche ? — murmura Luquin en manière de parenthèse, et il reprit : — Eh bien ! oui... j'ai eu tort d'être jaloux... de... ce .. mais au moins arrêtez-vous... je ne puis pas courir après vous en marchant sur mes genoux... puisque j'ai eu tort, vous dis-je.

Stéphanette ralentit peu à peu sa marche et s'arrêta tout-à-fait, et dit à Luquin sans tourner la tête.

— A genoux.

— Mais j'y suis... j'y suis... Heureusement pour ma dignité d'homme, ce pan de muraille me cache aux yeux de ce vieux bavard de majordome... — dit Luquin.

— Répétez comme moi.

— Oui, mais au moins retournez la tête, Stéphanette, que je vous voie, ça me donnera du courage.

— Répétez... répétez d'abord ; voyons, dites : — J'ai eu tort d'être jaloux de ce pauvre bohémien.

— Hum !... j'ai eu tort d'être jaloux... de... ce .. hum ! de ce gueux de bohémien...

— Ce n'est pas cela... de ce pauvre bohémien.

— De ce pauvre bohémien... — répéta Luquin avec un profond soupir.

— Il était tout simple que Stéphanette lui donnât un ruban.

— Il était. . hum !... il était tout simple que Stéphanette lui... hum... — Ces mots semblaient étrangler le capitaine qui toussait fortement... — hum !... hum !

— Vous êtes bien enrhumé, mon pauvre Luquin... répétez donc : — Il était tout simple que Stéphanette lui donnât un ruban.

— Lui donnât un ruban.

— Très-bien... car j'ai son cœur. Et tout ceci n'est qu'une folie de jeune fille, et je sais bien, moi, qu'elle n'aime que son Luquin — dit rapidement Stéphanette.

Puis, sans donner à son fiancé le temps de se relever et de répéter ces douces paroles, Stéphanette se retourna vivement pendant qu'il était encore à genoux, lui donna un baiser sur le front, et disparut par un passage de la cour, avant que le digne capitaine, aussi ravi que surpris, ait pu faire un pas.

CHAPITRE XV.

LES PRUD'HOMMES DE MER.

A l'instigation de maître Isnard, toujours furieux du mauvais accueil qu'il avait reçu de Raymond V, le consul Talebard-Talebardon avait, le samedi soir, dépêché le clerc à la Maison-Forte des Aubiez, pour signifier au baron qu'il eût à comparaître le lendemain dimanche devant les prud'hommes de mer.

Raymond V avait fait asseoir le clerc tout tremblant à sa table, l'avait fait souper avec lui; mais à chaque fois que l'homme de loi voulut ouvrir la bouche pour demander au baron de comparaître devant le tribunal, le vieux gentilhomme s'écriait : — Laramée, verse à boire à mon hôte !!

Puis il fit reconduire à la Ciotat le clerc un peu ivre.

Interprétant à leur manière la conduite du baron, maître Isnard et le consul virent dans son refus de répondre à leur sommation le mépris le plus outrageant.

Le lendemain dimanche, après la messe où, malgré sa résolution de la veille, Raymond V n'avait pas encore paru, les consuls et le greffier parcoururent les maisons des principaux bourgeois, afin d'exalter les ressentiments publics contre Raymond V, qui bravait et blessait si ouvertement les priviléges des communautés provençales.

Il aurait fallu beaucoup d'art, beaucoup de ruses, beaucoup d'opiniâtreté à maître Isnard, pour faire partager aux habitants de la Ciotat son irritation contre le maître de la Maison-Forte ; car l'instinct du plus grand nombre est toujours favorable à la rébellion d'un seigneur contre un seigneur plus puissant que lui... mais dans cette dernière occasion, rien ne fut plus facile au greffier que d'exalter l'indignation de la foule.

Nous l'avons dit, c'était un dimanche matin ; après la messe, les prud'hommes de mer tenaient leurs séances dans la grande salle de la maison de ville, située sur le port neuf. C'était un bâtiment lourd, massif, construit en briques et percé de petites fenêtres.

De chaque côté s'élevaient les habitations des bourgeois aisés.

La place de la maison-de-ville était séparée du port par une petite rue étroite.

Une foule bruyante de citadins, de pêcheurs, de matelots, d'artisans, de gens de la campagne, se pressaient sur cette place et assiégeaient déjà la porte de la maison-de-ville, afin d'assister à la séance des prud'hommes.

Les bourgeois, endoctrinés par le greffier, circulaient dans les groupes et y répandaient la nouvelle que Raymond V méprisait assez les droits du peuple pour refuser d'y comparaître devant les prud'hommes.

Maître Talebard-Talebardon, un des consuls, gros homme, pansu, coloré, au regard fin et rusé, portant son chaperon de feutre et sa robe officielle, occupait avec le greffier le centre d'un des groupes animés dont nous avons parlé, groupe composé de gens de toutes conditions.

— Oui, mes amis — disait le consul — Raymond V traite les chrétiens comme il traite les chiens de sa vénerie... L'autre jour, il a menacé de son fouet le respectable maître Isnard que voici, après l'avoir mis aux prises avec deux des plus méchants taureaux de la Camargue ; il a fallu un miracle pour que ce digne officier de l'amirauté de Toulon échappât au péril effroyable qui menaçait ses jours — dit le consul d'un air important.

— Un véritable miracle dont je rendis grâce à Notre-Dame de la Garde — ajouta dévotement le gréffier. — Je n'ai jamais vu de taureaux si furieux.

— Par saint Elme, mon patron — dit un matelot — j'aurais bien donné mon écharpe neuve pour être témoin de cette course. Je n'ai vu de combats de taureaux qu'à Barcelone.

— Sans compter que les greffiers-torréadors sont rares — dit un autre marin.

Maître Isnard, vivement choqué d'inspirer si peu d'intérêt, reprit d'un air dolent : — Je vous assure, mes amis, que c'est une terrible et formidable chose que d'être en butte aux fureurs de ces féroces animaux.

— Puisque vous avez été poursuivi par des taureaux — demanda un honnête tailleur — dites-nous donc, monsieur le greffier, s'il est vrai que les taureaux en colère ont la queue roulée sur elle-même et s'ils ferment les yeux quand ils frappent?

Maître Talebard-Talebardou haussa les épaules et répondit sévèrement au questionneur :

— Vous croyez donc, coupe-drap, qu'on s'amuse à regarder la queue et les yeux d'un taureau quand il vous charge?

— C'est vrai... c'est vrai — répondirent quelques assistants.

— Toujours est-il — reprit le consul, voulant appitoyer la foule sur le greffier et l'irriter contre le baron — toujours est-il que cet officier de la justice du roi a failli être victime de la méchanceté diabolique de Raymond V.

— Raymond V a détruit deux portées de louveteaux qui ravageaient tout dans notre métairie, sans compter qu'il nous a fait cadeau des têtes du loup et de la louve qui sont clouées à notre porte — dit un paysan en secouant la tête.

— Raymond V n'est pas mauvais maître : si la récolte manque, il vous vient en aide; il m'a remplacé deux bœufs de labour que j'avais perdus par les maléfices.

— C'est vrai, quand on tend la main au seigneur des Anbiez, on ne la retire jamais vide — dit un artisan.

— Et lors de la dernière descente des pirates à cette place où nous sommes, lui et ses gens ont bravement combattu les mécréants; sans lui, moi, ma femme et ma fille nous étions enlevés par ces démons — dit un citadin.

— Et les deux fils du bonhomme Jacquin ont été rachetés et ramenés de Barbarie par le bon père Elzéar, frère de Raymond V; sans lui ils seraient encore à la chaîne à damner leur âme — reprit un autre.

— Et l'autre frère, le commandeur, qui a l'air aussi sombre que sa galère noire — reprit un patron de barque marchande — n'a-t-il pas tenu en respect ces païens pendant plus de deux mois que sa capitane est restée mouillée dans le golfe... allez... c'est une bonne et noble famille que celle des Anbiez.

— Après tout, cet homme de loi n'est pas d'ici — et il montra le greffier. — Qu'est-ce que ça nous fait qu'il soit ou non embroché d'un coup de corne ?

— C'est vrai... c'est vrai, il n'est pas d'ici — reprirent plusieurs voix.

— Raymond V est un bon vieux gentilhomme qui ne refuse jamais une livre de poudre et une livre de plomb à un marinier pour défendre sa barque — dit un matelot.

— Il y a toujours une bonne place au feu de la Maison-Forte, un bon verre de sauve-chrétien et une pièce d'argent pour ceux qui s'y présentent — dit un mendiant.

— Et sa fille ! un ange !... une Notre-Dame pour les pauvres gens ! — dit un autre.

— Mais qui diable nie tout cela ? — s'écria le consul. — Raymond V tue les loups, parce qu'il aime la chasse ; il ne regarde ni à une pièce d'argent, ni à une livre de poudre, ni à un verre de vin, parce qu'il est riche, très-riche ; mais il agit ainsi perfidement pour cacher ses desseins.

— Quels desseins? — demandèrent quelques assistants.

— Le dessein de ruiner notre commune! de ravager notre ville! de faire enfin pire que les pirates ou le duc d'Épernon avec ses Gascons — dit le consul d'un air mystérieux.

Il eût annoncé quelque tentative possible que sans doute il n'eût pas été cru. Ces paroles effrayantes excitant la curiosité de la foule, il fut écouté avec faveur.

— Expliquez-nous donc cela... notre consul — dit-on tout d'une voix.

— Maître Isnard, qui est homme de loi, va vous expliquer ce tissu de ténébreux et pernicieux desseins — dit Talebard-Talebardon.

Le greffier s'avança d'un air contrit, leva les yeux au ciel, et reprit :

— Votre digne consul, mes amis, ne vous dit rien que de malheureusement trop véridique. Nous en avons des preuves.

— Des preuves!... — répétèrent quelques assistants en se regardant les uns les autres.

— Écoutez-moi bien... Le roi, notre maître, et monseigneur le cardinal n'ont qu'une seule pensée, le bonheur des Français.

— Mais nous ne sommes pas Français, nous autres! — dit un Provençal, fier de sa nationalité — le roi n'est pas notre maître, il est notre comte.

—Vous parlez d'or, mon compère, écoutez-moi-donc — reprit le greffier. — Le roi, notre comte, ne voulant pas que ses communautés provençales restassent exposées au pouvoir despotique des nobles et des seigneurs, nous a ordonné de les désarmer. Son Éminence ne s'est que trop souvenue des violences du duc d'Épernon, des seigneurs de Baux, de Noirol, de Traviez et de tant d'autres. Il a donc voulu ôter à la noblesse le moyen de nuire au peuple et à la bourgeoisie. Ainsi, par exemple, son Éminence voulait (ces ordres souverains seront tôt ou tard exécutés), voulait, dis-je, désarmer la Maison-Forte de Raymond V des fauconneaux et des canons qui dominent l'entrée de votre port et qui peuvent empêcher le moindre bateau pêcheur d'en sortir.

— Mais qui peuvent aussi empêcher les pirates d'y entrer — dit un matelot.

— Sans doute, mes amis, sans doute, le feu brûle ou purifie; la flèche tue l'ami ou l'ennemi, selon la main qui tient l'arbalète. Je n'aurais eu aucun soupçon sur Raymond V, s'il ne m'avait dévoilé lui-même ses perfides intentions... Laissons de côté sa cruauté à mon égard... Je suis heureux d'être le martyr de notre sainte cause.

— Vous n'êtes pas martyr, puisque vous êtes en vie — dit l'incorrigible matelot.

— Je suis en vie... sans doute à cette heure — reprit le greffier — mais le Seigneur sait à quel prix, par quels périls, j'ai acheté cette vie... et quels sont les dangers que je dois affronter encore; mais, ne parlons pas de moi.

— Non, non, ne parlons pas de vous, ça nous est égal; dites-nous comment vous avez la preuve des mauvais desseins de Raymond V contre la ville — reprit un curieux.

— Rien de plus évident, mes amis, il a fait encore fortifier son château, pourquoi? Pour résister aux pirates, dira-t-on. Mais jamais les pirates n'oseront attaquer une pareille forteresse où ils n'auraient que des coups à gagner. Il a fait de sa maison une espèce de place forte dont les canons peuvent couler bas vos bâtiments et ravager votre port. Savez-vous pourquoi? Pour vous tyranniser à son profit et fouler impunément aux pieds les coutumes provençales. Tenez, un exemple, il a, contre toutes les lois, établi des filets de pêche en dehors de ses limites.

— C'est vrai — reprit Talebard-Talebardon, — vous savez qu'il n'en a pas le droit. Quel tort cela fait à notre pêche, souvent notre seule ressource !

— Pour cela, c'est évident — dirent quelques assistants. — Les madragues de Raymond V nous font du tort surtout maintenant que la pêche diminue ; mais si c'est son droit ?

— Mais si ce n'est pas son droit ? — s'écria le greffier.

— On le saura aujourd'hui — reprit un assistant — puisque le procès va être jugé par les prud'hommes de mer.

Le greffier échangea un coup-d'œil d'intelligence avec le consul et répondit :

— Sans doute le tribunal des prud'hommes est tout-puissant pour décider la question ; mais c'est justement à ce propos que mes doutes sont venus. Je crains bien que Raymond V ne veuille pas s'en rapporter à ce tribunal populaire. Il est capable de refuser de se rendre à cette sommation, faite après tout par de pauvres gens, à un haut et puissant baron...

— C'est impossible... c'est impossible... ce sont nos droits à nous... Le peuple a les siens, la noblesse les siens; franchise pour tous — s'écrièrent plusieurs voix.

— Je tiens Raymond V pour un bon et généreux seigneur — dit un autre; — mais je le regarderais comme un traître, s'il refusait de reconnaître nos priviléges.

— Non, non, c'est impossible — répétèrent plusieurs voix.

— Il viendra...

— Il va venir devant les prudhommes...

—Dieu le veuille—dit le greffier, en échangeant un nouveau coup-d'œil avec le consul. —Dieu le veuille, mes amis; car, s'il méprisait assez nos coutumes pour agir autrement, on pourrait penser qu'il n'a mis sa maison en état de défense si formidable que pour braver les lois?

—Encore une fois, c'est impossible, ce que

vous dites-là, greffier ; Raymond V ne peut pas plus nier l'autorité des prud'hommes qu'il ne peut nier l'autorité du roi — dit un assistant.

— Mais d'abord, il nie l'autorité du roi — s'écria maître Isnard triomphant — et, puisqu'il faut tout dire, je crois même, d'après ce que m'a appris votre digne consul, qu'il nie non-seulement le pouvoir royal, mais encore communal ; en un mot, qu'il se refuse positivement à comparaître devant les prud'hommes, et qu'il veut conserver ses filets et ses madragues au détriment de la pêche générale.

Un sourd murmure d'étonnement et d'indignation accueillit cette nouvelle.

— Parlez, parlez, consul, est-ce vrai ?

— Raymond V est trop brave seigneur pour cela.

— S'il était vrai pourtant...

— Ce sont nos droits après tout...

Telles furent les différentes interpellations qui se croisèrent rapidement.

Le consul et le greffier se virent entourés, presque pressés par une foule qui commençait à s'irriter.

Talebard-Talebardon, d'accord avec le greffier, avait préparé cette scène avec une astuce diabolique.

Le consul répondit donc, afin d'augmenter peu-à-peu l'irritation populaire.

—Sans être certain du refus de Raymond V, j'ai tout lieu de le craindre ; mais le clerc de monsieur le greffier, qui a été porter hier la sommation à la Maison-Forte et qui a dû ensuite se rendre à Curjol pour affaires, va arriver d'un moment à l'autre et nous confirmer la nouvelle. Notre-Dame fasse qu'elle ne soit pas telle que je l'appréhende! Hélas!... que deviendraient nos communautés, si notre seul droit à nous pauvres gens, notre seule privilége, nous était arraché...

— Arraché... — s'écria le greffier — mais, c'est impossible... La noblesse et le clergé ont leurs droits... Comment oserait-on ravir au peuple les dernières, les seules ressources qu'il ait contre l'oppression des puissants!

Rien de plus mobile que l'esprit du peuple et surtout du peuple méridional; cette foule, naguère encore sous l'impression de la reconnaissance qu'elle devait au baron, avait presque oublié les importants services de la famille des Anbiez, au seul soupçon que Raymond V voulait attenter à un des priviléges de communauté.

Ces bruits, circulant parmi les groupes, irritèrent singulièrement les esprits. Le greffier et le consul, jugeant le moment venu de frapper le dernier coup, ordonnèrent à l'un de leurs gens d'aller quérir le clerc du greffier qui devait être disaient-ils, de retour, quoique depuis la veille il n'eût pas quitté la Ciotat.

A ce moment les cinq prud'hommes pêcheurs et leur syndic, s'étant réunis sous le porche de l'église après la messe, traversèrent la foule pour se rendre à la maison-de-ville, afin d'y tenir leur audience solennelle.

Les circonstances présentes donnaient un nouvel intérêt à leur apparition, ils furent salués de nombreux bravos accompagnés de ces cris :

— Vivent les prud'hommes de mer !...

— Vivent les communautés provençales !...

— Arrière (fueros); ceux qui les attaquent !...

Cette foule déjà excitée se pressa sur leurs pas pour assister à la séance.

Ce fut alors que le clerc arriva. Quoi qu'il pût dire et faire pour protester contre l'interprétation que le greffier et le consul donnèrent à ses paroles, ceux-ci s'exclamèrent en hypocrites lamentations.

— Eh bien!... eh bien!... notre consul — s'écrièrent les assistants — Raymond V vient-il? viendra-t-il au tribunal?

— Hélas! mes amis — s'écria le consul — ne m'interrogez pas, le digne greffier n'avait que trop bien deviné. Le caractère irascible, impérieux et tyrannique du baron s'est encore manifesté.

— Comment!... comment!...

— Le clerc avait été chargé hier de notifier à Raymond V l'arrêt du tribunal des prud'hommes, il est de retour...

— Le voici! ah!... enfin...

— Ah!...

— Eh bien!...

— Eh bien! il a été d'abord accablé de mauvais traitements par Raymond V.

— Mais — dit tout bas le clerc — au contraire, monseigneur m'a fait boire d'un vin qui...

Maître Isnard tira si violemment le clerc par son sarrau et lui jeta un si furieux regard, que le pauvre homme n'osa pas articuler une parole.

— Après l'avoir accablé de mauvais traitements — reprit le consul — Raymond lui a formellement déclaré qu'il ferait litière de nos priviléges, qu'il conserverait ses madragues; et qu'il était assez fort pour nous réduire, si nous osions contrarier sa volonté... et que...

Une explosion de cris furieux interrompit le consul.

Le tumulte fut à son comble, les menaces les plus violentes éclatèrent contre Raymond V.

— Aux madragues!... aux madragues! — crièrent les uns.

— A la Maison-Forte!.... — crièrent les autres.

— Qu'il n'en reste pas pierre sur pierre!

— Aux armes!... aux armes!...

— Faisons un pétard pour faire sauter la porte du fossé du côté de la terre!

— Mort!... mort à Raymond V.

En voyant la fureur de la populace, le greffier et le consul commencèrent à craindre d'avoir été trop loin, et de ne pouvoir plus contenir les ressentiments qu'ils avaient si imprudemment déchaînés...

— Mes amis... mes enfants! cria Talebard-Talebardon, en s'adressant aux plus exaltés — soyez modérés. Courez aux madragues... soit... mais ne faites aucune tentative sur la Maison-Forte... sur la vie du baron.

— Pas de pitié!... pas de pitié!... vous l'avez dit vous-même, consul; Raymond V veut tirer sur la ville, sur le port, faire pire que le duc d'Épernon et ses Gascons.

— Oui... oui.... détruisons la tanière du vieux loup! et clouons-le à sa porte.

— A la Maison-Forte!...

— A la Maison-Forte!

Ces cris furieux accueillirent les tardives paroles de modération que le consul voulut faire entendre.

Les moins déterminés des habitants se pressaient aux abords de la maison-de-ville pour entrer dans la salle du tribunal où siégaient déjà les prud'hommes.

Les autres, divisés en deux bandes, se préparaient, malgré les supplications des consuls, à aller détruire les madragues et attaquer la Maison-Forte des Anbiez, lorsqu'un incident extraordinaire frappa la foule de stupeur et la rendit muette et immobile.

CHAPITRE XVI.

LE JUGEMENT.

L'étonnement général était bien naturel.

On vit s'avancer lentement par la rue des Minimes, en se dirigeant vers la place, le lourd carrosse de cérémonie de Raymond V.

Quatre de ses gens, armés et à cheval, précédés par Laramée, ouvraient la marche; puis venait le carrosse à dais d'un velours rouge cramoisi un peu passé; le train ainsi que la caisse sans glaces, mais largement armoriée, étaient orange et incarnat, couleur de la livrée du baron.

Quatre vigoureux chevaux de labour, attelés avec des traits de corde, faisaient péniblement avancer cette voiture informe et massive, au fond de laquelle trônait majestueusement Raymond V.

En face de lui était Honorat de Berrol.

A l'intérieur de ce coche, deux sortes de petits tabourets se fixaient aux portières. Sur l'un d'eux se tenait l'abbé Mascarolus, portant sur ses genoux un sac de papiers. L'intendant du baron occupait l'autre siége.

L'imparfaite construction de cet énorme carrosse ne comportait pas de place pour le cocher. Un charretier, revêtu pour ce jour d'une casaque à la livrée du baron, se tenait à la tête de chaque paire de chevaux et conduisait cet attelage à peu près comme celui d'un chariot de ferme.

Enfin, derrière la voiture venaient quatre autres hommes à cheval et armés.

Quoique grossier, cet équipage et ce train inspiraient une profonde admiration aux habitants de cette petite ville ; la vue d'un coche, tel imparfait qu'il fût, leur était toujours chose nouvelle et curieuse.

Nous l'avons dit : la foule resta muette.

On le savait, Raymond V ne se servait de ce

carrosse que lors des occasions les plus solennelles ; une vive curiosité suspendit un moment des sentiments plus violents.

On se demandait tout bas où se dirigeait le carrosse : était-ce à l'église ? était-ce à la maison-de-ville ?

Cette dernière supposition devenait probable, car Raymond V, après avoir tourné le coin de la rue des Minimes, prit le chemin de l'édifice où se tenaient assemblés les prud'hommes pêcheurs.

Bientôt enfin les doutes se changèrent en certitude, lorsqu'on entendit la grosse voix de maître Laramée s'écrier : — Place... place à monseigneur qui se rend au tribunal des prud'hommes !

Ces mots passant de bouche en bouche, arrivèrent aux oreilles des consuls et du greffier, dont le désappointement et le dépit furent extrêmes.

— Que nous aviez-vous donc dit, greffier ? — s'écrièrent les assistants qui l'entouraient — voici Raymond V... il se rend au tribunal des prud'hommes !

— Il n'est donc pas résolu à faire litière de nos privilèges ?

— Il s'y rend... il s'y rend sans doute — reprit maître Isnard ; — mais il s'y rend avec une suite de gens armés ; qui sait ce qu'il va dire et répondre aux pauvres prud'hommes de mer ?

— Il veut sans doute les intimider — reprit le consul.

— Rendre son refus de reconnaître leur juridiction plus méprisant encore en venant le leur signifier lui-même — reprit le greffier.

— Une suite armée ? — dit un assistant. — Et que feraient ces huit carabins contre nous ?

— Le consul a raison... Il vient peut-être insulter les prud'hommes — dit un habitant plus défiant.

— Allons donc... Raymond V, tout audacieux qu'il est, n'oserait pas cela — reprit un troisième.

— Non, non, il reconnaît nos priviéges, le digne et bon seigneur — crièrent quelques voix. — Nous avions tort de nous en défier.

En un mot, par un de ces brusques revirements, si communs dans les émotions populaires, l'esprit public redevint presque subitement favorable à Raymond V, et hostile au greffier.

Maître Isnard, pour mettre sa responsabilité et peut-être sa personne à couvert, ne craignit pas d'exposer son malheureux clerc à la colère du peuple.

Revenant de leur hostilité passagère contre le baron, plusieurs habitants prenaient déjà un air menaçant en reprochant au greffier de les avoir trompés.

— C'est cet étranger — disaient-ils — qui nous a excités contre Raymond V.

— Ce bon et digne seigneur qui est toujours tout à tous!...

— Oui, oui, c'est vrai, il nous a dit que Raymond V en voulait à nos priviléges, et il les respecte au contraire...

— Sans doute... et monseigneur a bien fait de te livrer aux taureaux de la Carmague — s'écria un marin, en montrant le poing au greffier.

— Permettez, mes amis — dit le greffier, en remarquant avec peine l'absence du consul qui s'était prudemment esquivé pour se rendre à la maison-de-ville, se porter partie plaignante contre le baron. — Permettez — dit le greffier — quoique rien ne puisse me faire présumer des bonnes intentions de Raymond V, je n'hésite pas à déclarer qu'elles peuvent être bonnes en effet! peut-être mon clerc se sera-t-il mépris, peut-être aura-t-il exagéré la portée des réponses du baron des Anbiez.

— Voyons, clerc — dit-il, en se retournant vers le scribe d'un air sévère et superbe — ne mentez pas... Ne m'avez-vous pas trompé? Rappelez bien vos souvenirs. Peut-être vous êtes-vous effrayé à tort? Je vous sais très-couard! Que vous a dit le baron? Maugrebleu! clerc, malheur à vous si vous m'avez trompé et si par votre sottise j'ai moi-même trompé ces estimables citadins !...

Ouvrant des yeux énormes, confondu de l'audace du greffier, le malheureux clerc ne put que répéter d'une voix tremblante: — Monseigneur ne m'a rien dit... Il m'a fait asseoir à sa table ; toutes les fois que j'ai voulu lui parler de la sommation des prud'hommes, maître Laramée venait avec un grand verre de de vin d'Espagne, que j'étais, révérence parler, obligé d'avaler d'un trait.

— Maugrebleu ! — s'écria le greffier d'une voix tonnante ! — comment ! ce sont là les mauvais traitements dont vous vous plaigniez! Pardonnez-lui, messieurs, il était certainement ivre, et je vois avec douleur qu'il nous a trompés sur les desseins de Raymond V. Courons à la maison-de-ville, nous assurer par nous-mêmes de la réalité des faits ; car voici que le carrosse de Raymond V y est arrêté.

Ce disant et sans paraître entendre les murmures menaçants de la foule, le greffier hâta le pas, accompagné de son malheureux clerc qui, dans la retraite, reçut quelques bourrades évidemment adressées à maître Isnard.

La grand'salle de la maison-de-ville de la Ciotat formait un long parallélogramme, éclairé par de hautes et étroites fenêtres, aux carreaux encadrés de plomb.

Sur les murs opposés aux fenêtres, murs nus et blanchis à la chaux, on voyait quelques pavillons pris aux barbaresques.

Des solives saillantes de bois brut rayaient le plafond. A l'extrémité de cette vaste salle et en face de la grand'porte d'entrée qui occupait l'autre côté, on voyait élevé sur une estrade le tribunal des prud'hommes de mer.

C'était une longue table grossièrement équarrie.

Les juges étaient au nombre de quatre, présidés par le guetteur du cap de l'Aigle qui avait momentanément résigné ses fonctions entre les mains de Luquin Trinquetaille.

Selon la coutume, ces pêcheurs portaient les chausses, le pourpoint et le manteau noirs avec un rabat blanc, ils étaient coiffés d'un chapeau à larges bords. Le moins âgé des juges avait au moins cinquante ans.

Leur attitude était simple, grave; leurs figures hâlées, à longs cheveux blancs ou gris, éclairés à la Rembrandt par un brusque rayon de lumière, jaillissant d'une des fenêtres dont on a parlé, se dessinaient vigoureusement sur le clair obscur qui régnait au fond de la salle.

Ces cinq vieux marins, élus par leur corporation le jour de la Saint-Étienne, justifiaient le choix de leurs compagnons. Braves, honnêtes, pieux, il représentaient certainement l'élite de la population maritime de la ville et du golfe.

Le tribunal et la place réservée à ceux qui comparaissaient devant lui étaient séparés de la foule par une grossière barrière de bois.

« La juridiction des prud'hommes était
« fort simple. Celui qui dit porter quelque
« plainte, trouvant les susdits prud'hommes
« à leur siége, requiert d'être ouï, mais aupa-
« ravant doit avoir consigné deux sols huit
« deniers dans la bourse commune, et après,
« il mande celui contre qui il a formé une
« plainte ; ledit est obligé à la même consi-
« gnation, et après, l'un et l'autre sont ouïs,
« et sur leurs discours, le plus ancien des
« susdits prud'hommes prononce le jugement
« avec le conseil de ses collègues [*]. »

Le secrétaire de la communauté appelait d'une voix forte les plaignants et leurs adversaires.

Jamais séance n'avait excité à ce point la curiosité publique.

Avant l'arrivée de Raymond V, la plupart de ceux qui remplissaient la salle ignoraient

---

[*] Voir voyage et inspection de M. de Ségueran, déjà cité pag. 241. — Correspondance de Sourdis, publiée par ordre du Roi, par M. E. Sue. Vol. III.

encore si le baron se rendrait ou non devant le tribunal; d'autres étaient persuadés de son refus. Le plus petit nombre enfin espérait qu'il respecterait les priviléges des communautés.

Mais lorsqu'on sut, par quelques curieux du dehors, que le carrosse de cérémonie du gentilhomme était sur la place, on remarqua dans la foule un mouvement d'étonnement et d'intérêt.

Il fallut que le greffier de la communauté élevât la voix pour réclamer le silence, et que Peyroü le guetteur fît, comme syndic des prud'hommes, une sévère admonition qui fut, on doit le dire, respectueusement écoutée.

Le tribunal réglait alors quelques différends de peu d'importance; mais l'indépendance des juges était si grande, qu'ils mettaient autant de soins, autant de lente circonspection à rendre et à formuler leur arrêt, que si l'un des premiers seigneurs de la Provence n'eût pas attendu le moment de comparaître devant eux.

La multitude était compacte, serrée, lorsque Raymond V se présenta à la porte; il eut beaucoup de peine à pénétrer dans la grande salle avec Honorat de Berrol.

— Place... place à menseigneur — dirent à demi-voix quelques citadins empressés.

— Les prud'hommes m'ont-ils appelé, mes enfants? — dit affectueusement Raymond V.

— Non, monseigneur.

— J'attendrai donc ici, comme vous et avec vous. Il sera temps de me faire place lorsqu'il faudra m'avancer au pied du tribunal.

Ces simples paroles, dites avec autant de bonté que de dignité, firent un effet prodigieux sur les assistants ; la vénération qu'inspirait ce gentilhomme tout à l'heure si menacé fut telle que la foule forma une sorte de cercle respectueux autour du baron.

Un officieux ayant à grand'peine été dire au greffier que Raymond V venait d'entrer dans la salle, qu'il serait convenable de faire passer sa cause avant celle des autres, le greffier profita d'un moment d'intervalle pour soumettre cette observation à Peyroü le syndic.

Celui-ci répondit simplement : — Greffier, d'après votre liste, quel nom doit-on appeler maintenant ?

— Celui de Jacques Brun Lamaneur contre Pierre Baïf, tréguier*.

— Appelez-donc Jacques Brun contre Pierre Baïf.

Peyroü devait beaucoup à la famille du baron ; il était profondément attaché à cette maison. En agissant ainsi, il ne voulait pas faire montre de ses droits et en exagérer l'importance, il obéissait à cet esprit de justice et d'indépendance qu'on retrouvait si fréquemment alors dans les institutions populaires.

Ce fut sans hésitation, sans croire le moins du monde choquer Raymond V, que le guetteur dit d'une voix ferme et haute :

— Greffier, appelez un autre plaignant.

La contestation de Jacques Brun le lamaneur et du tréguier Pierre Baïf était peu importante ; elle fut promptement mais attentivement jugée par les prud'hommes au milieu de la préoccupation générale, car la cause du baron venait immédiatement après.

Malgré la présence du seigneur des Aubiez, on ne savait encore ce qu'il répondrait au tri-

---

* Voilier.

bunal. Involontairement on songeait aux insinuations de maître Isnard. Ce dernier prétendait toujours que le baron était capable de venir manifester d'une manière éclatante son mépris pour ce tribunal populaire.

Enfin le greffier appela d'une voix un peu troublée : — Maître Talebard-Talebardon, consul de la ville de Ciotat, contre Raymond V, baron des Anbiez.

Un long murmure d'impatience satisfaite circula dans la salle.

— Maintenant, mes enfants — dit le vieux gentilhomme à ceux qui l'entouraient — faites place, je vous prie, non pas au baron, mais au plaideur qui va devant ses juges.

L'enthousiasme inspiré par ces mots de Raymond V prouva que, malgré sa soif instinctive d'égalité, le peuple sait toujours un gré immense aux gens d'un rang élevé qui se soumettent à la loi commune.

La foule reflua de chaque côté sur elle-même, fit une large avenue au milieu de laquelle Raymond V s'avança d'un pas grave et majestueux.

Le vieux gentilhomme portait le somptueux

costume du temps : un pourpoint à aiguillettes, un manteau court de velours brun richement rubanné d'or ; ses larges chausses de pareille étoffe formaient une sorte de jupe, qui descendait au-dessous du genou ; ses bas de soie écarlate disparaissaient dans l'entonnoir de ses petites bottes de cordouan armées de longs éperons dorés ; un riche baudrier soutenait son épée, et les plumes blanches de son feutre noir retombaient sur son collet de dentelles de Flandre.

La physionomie du vieux gentilhomme, habituellement joyeuse, montrait à ce moment une grande expression de noblesse et d'autorité.

A quelques pas du tribunal, le baron ôta son chapeau qu'il avait jusqu'alors conservé, quoique la foule fût découverte. On ne put s'empêcher d'admirer la dignité des traits et du maintien de ce noble vieillard à longs cheveux blancs et à moustaches grises.

Maître Talebardon arriva bientôt.

Malgré son assurance habituelle et quoiqu'il eût le greffier Isnard sur ses talons, il ne put vaincre son émotion et il évita soigneusement les regards du baron.

Peyroü se leva ainsi que les autres pêcheurs, il était couvert.

— Bernard Talebard-Talebardon... approchez — dit-il.

Le consul entra dans l'enceinte.

— Raymond V, baron des Anbiez, approchez.

Le baron entra dans l'enceinte.

— Bernard Talebard-Talebardon, vous requérez au nom de la communauté de la Ciotat d'être ouï par les prud'hommes de mer contre Raymond V, baron des Anbiez.

— Oui, syndic — reprit le consul.

— Consignez deux sols huit deniers dans la bourse commune et parlez.

Le consul mit quelques pièces de monnaie dans une sorte de tronc de bois grossier, et, s'avançant près du tribunal, exposa ses griefs en ces termes :

— Syndic et prud'hommes, depuis un temps immémorial la pêche de l'anse de Cameroü a été partagée entre la communauté de la ville et le seigneur des Anbiez ; ledit seigneur pouvait poser ses filets et ses madragues depuis la côte jusqu'aux roches appelées les Sept-Pierres de Castrembaoü qui forment une espèce de ceinture à cinq cents pas environ de la côte. La communauté avait le droit de pêche depuis les Sept-Pierres de Castrembaoü jusqu'aux deux pointes de la baie ; devant vous, syndic et prud'hommes, j'affirme sur serment que cela est la vérité, et j'adjure Raymond V, baron des Anbiez, ici présent et appelé par moi, de dire si telle n'est pas la vérité ?

Se retournant vers le gentilhomme, Peyroü, lui dit :

—Raymond V, baron des Anbiez, ce que dit le plaignant est-il vrai ? La pêche a-t-elle été toujours ainsi partagée entre les seigneurs des Anbiez et la communauté de la ville de la Ciotat.

— La pêche a toujours été partagée ainsi, je le reconnais — dit le baron.

La parfaite convenance que le baron mit dans sa réponse ne laissa plus le moindre doute sur sa soumission à la compétence du tribunal.

Un murmure de satisfaction circula dans la salle.

— Continuez — reprit Peyroü en s'adressant au consul.

— Syndic et prud'hommes — dit Talebard-Talebardon — malgré nos droits et la coutume, au lieu de se borner à poser ses filets depuis la côte jusqu'aux rochers des Sept-Pierres de Castrembaoü, Raymond V, baron des Anbiez, fait poser ses filets en dehors desdites roches des Sept-Pierres, vers la haute mer, et, conséquemment, porte atteinte aux droits de la communauté que je représente. Il pêche dans la partie réservée à ladite communauté. Ces faits, que j'affirme sous serment, sont d'ailleurs à la connaissance de tout le monde et de vous-mêmes, syndic et prud'hommes.

— Le syndic et les prud'hommes ne sont pas en cause ici — répondit sévèrement le guetteur au consul. Puis, se tournant vers le gentilhomme, il lui dit :

— Raymond V, baron des Anbiez, reconnaissez-vous avoir jeté vos filets en-deçà des sept-Roches, et devers la haute mer, dans la partie de l'anse réservée à la communauté de la Ciotat ?

— J'ai, en effet, fait jeter mes filets en-deçà des Sept-Roches — dit le baron.

— Plaignant, que venez-vous demander à Raymond V, baron des Anbiez ? — reprit le syndic.

— Je requiers — dit Talebard-Talebardon — je requiers le tribunal de défendre au seigneur des Anbiez de pêcher désormais, ou d'établir des madragues en dehors des roches de Castrembaoü; je requiers que ledit seigneur soit tenu de payer à ladite communauté, à titre de dommages et de restitution, la somme de 2,000 livres tournois; je requiers qu'il soit notifié audit seigneur, que, s'il pose encore des filets et des madragues vers la partie de l'anse dont la pêche ne lui appartient pas, il soit permis à ladite communauté de retirer et de détruire, par la force, lesdits filets et lesdites madragues, rendant le seigneur des Anbiez seul responsable des désordres qui pourraient suivre cette exécution.

En entendant le consul formuler aussi netment sa demande contre Raymond V, les spectateurs jetèrent les yeux sur ce dernier.

Il demeura calme, impassible, au grand étonnement du public.

Le caractère impérieux et violent du baron était si connu que sa résignation inspira autant d'admiration que d'étonnement.

Peyroü, s'adressant au vieux seigneur, lui dit d'un ton solennel :

— Raymond V, baron des Anbiez, qu'avez-vous à répondre au plaignant? Acceptez-vous comme justes et loyales ses réquisitions contre vous?

— Syndic et prud'hommes — répondit le baron en s'inclinant d'un air respectueux — oui, cela est vrai, j'ai fait placer mes filets en dehors des Sept-Roches de Castrembaoü ; mais; pour expliquer ma conduite, je vous dirai ce que vous savez tous...

— Raymond V, baron des Anbiez, nous ne sommes pas en cause — dit gravement Peyroü.

Malgré son empire sur lui-même, malgré son attachement pour le guetteur, le vieux gentilhomme se mordit la lèvre, mais reprit bientôt avec le même calme :

— Je vous dirai, syndic et prud'hommes, ce que chacun sait : depuis quelques années, la mer a tellement baissé que la partie de l'anse dans laquelle j'ai le droit de pêche est maintenant à sec. Le genêt marin y pousse à outrance, et mon levrier Eclair y a forcé un lièvre l'autre jour ; franchement, syndic et prud'hommes, pour exploiter la partie de l'anse qui m'appartient, j'ai plutôt besoin maintenant de chevaux et de fusils que de canots et de filets.

La réponse du baron, son air de bonne humeur, égayèrent l'auditoire, les prud'hommes eux-mêmes ne purent s'empêcher de sourire.

Le baron continua :

— Le retrait de la mer a été si considérable, que c'est à peine s'il y a six pieds d'eau à l'endroit des Sept-Roches, où finit ma pêcherie, et où commence celle de la communauté. J'ai donc cru pouvoir poser mes filets et mes madragues à cinq cents pas au-delà des Sept-Roches, puisqu'il n'y avait plus d'eau en-deçà, pensant qu'à mon exemple, et suivant le mouvement de la mer, la communauté se retirerait de cinq cents pas vers la haute mer.

Le ton de modération du baron, ses raisons véritablement plausibles, firent une assez grande impression sur les spectateurs, quoique la plus grande partie d'entre eux fissent cause commune avec le consul, qui représentait, à vrai dire, l'intérêt de la ville.

S'adressant au consul, le syndic lui dit :

— Talebard-Talebardon, qu'avez-vous à répondre ?

— Syndic et prud'hommes, je répondrai que l'anse de Castrembaoü n'a pas plus de six cents pas à partir des Sept-Roches, et que si le seigneur des Anbiez s'en adjuge cinq cents, à peine s'il restera cent pas à la communauté pour jeter ses filets; or chacun sait que la pêche du thon n'est profitable que dans la baie. Sans doute les eaux, en se retirant, ont laissé à sec presque tout le domaine de pêche du seigneur des Anbiez, mais ce n'est pas par le maléfice de la communauté. Ainsi donc, la communauté n'en doit pas souffrir.

Depuis longtemps cette grave question était en litige, nous l'avons dit; les droits et les avis étaient tellement partagés, que, par égard pour le baron, les consuls se fussent arrangés à l'amiable, sans les perfides conseils de maître Isnard le greffier.

Les honnêtes marins qui composaient le tribunal témoignaient presque toujours d'un rare bon sens; leurs jugements, ordinairement basés sur la pratique d'une profession qu'ils exerçaient depuis leur enfance, étaient droits et simples.

Dans cette occasion néanmoins, ils se sentaient quelque peu embarrassés.

— Qu'avez-vous à répondre, Raymond V, baron des Aubiez? — reprit Peyroü.

— J'ai à répondre, prud'hommes et syndic, que ce n'est pas non plus moi qui ai dit aux eaux de se retirer! par mes titres, je possède le droit de pêche sur la moitié de la baie, vu la retraite des eaux, je puis parcourir à pied sec mon domaine piscatorial, comme dit mon chapelain; or, je ne dois pas, je crois, être victime d'un incident de force majeure.

— Raymond V — dit un des prud'hommes, vieux triton à cheveux blancs — y a-t-il sur vos titres que vous aurez le droit de pêche depuis la côte jusqu'aux Sept-Roches? ou bien que vous aurez le droit de pêche sur une étendue de cinq cents pas?

— Il y a sur le titre que mon droit s'étend depuis la côte jusqu'aux Sept-Roches—répond le baron.

Le vieux marin dit quelques mots à l'oreille de son voisin.

Peyroü se leva et dit : — Nous avons assez entendu, nous allons juger.

— Syndic et prud'hommes — reprit le baron — quel que soit votre jugement, je m'y soumets d'avance.

Peyroü se leva et dit à voix haute : — Talebard-Talebardon, Raymond V, baron des Anbiez, votre cause est entendue. Nous, prud'hommes et syndic, nous allons délibérer.

Les cinq pêcheurs se levèrent et se retirèrent dans l'embrasure d'une fenêtre. Ils semblaient discuter d'un air animé, pendant que la foule attendait leur arrêt dans un profond et respectueux silence ; le seigneur des Anbiez causait à voix basse avec Honorat de Berrol, aussi vivement frappé de cette scène.

Après une demi-heure environ de discus-

LE JUGEMENT.

sion, le syndic et les prud'hommes reprirent leurs places, restèrent levés et couverts pendant que Peyroü lisait dans un grand registre la formule suivante qui précédait toujours l'arrêt de ce tribunal.

« Ce jourd'hui, vingtième jour de décembre
« de l'année 1632, étant assemblés dans la
« maison-de-ville de la Ciotat, nous syndic et
« prud'hommes pêcheurs, ayant fait compa-
« raître devant nous Talebard-Talebardon,
« consul de la ville, et Raymond V, baron des
« Anbiez, et ayant ouï les susdits en leur accu-
« sation et défense, nous établissons ce qui
« suit : La demande de Talebard-Talebardon
« nous paraît juste. D'après les titres de Ray-
« mond V, son droit de pêche ne s'étend pas
« indifféremment sur un espace de cinq cents
« pas, mais sur l'espace compris entre la côte
« et les Sept-Roches de Castrembaoü. Les eaux
« se sont retirées de la partie qui lui appar-
« tient, c'est la volonté du Tout-Puissant,
« Raymond doit s'y soumettre. Si comme dans
« le golfe de Martigue, la mer avait au con-
« traire augmenté en s'avançant sur la côte,
« la pêcherie de Raymond V aurait aussi aug-

« menté et la communauté n'aurait pas outre-
« passé pour cela les Sept-Roches, limites de
« sa pêcherie : le contraire arrive, cela est
« malheureux sans doute pour le seigneur des
« Anbiez, mais la communauté ne peut pas
« renoncer à sa pêcherie. Dieu avance ou re-
« tire les eaux comme il lui plaît, nous devons
« accepter ce qu'il nous envoie. Notre cons-
« cience et notre raison veulent donc que
« désormais Raymond V n'établisse plus ni
« filets, ni madragues en dehors des Sept-
« Roches ; mais nous voulons aussi, pour
« prouver la reconnaissance de la ville envers
« ledit Raymond V, qui a toujours été pour
« elle un bon et courageux protecteur, nous
« voulons qu'il ait droit à dix livres de pois-
« son, par chaque centaine de livres de pois-
« son qui se pêchera dans la baie. Nous con-
« naissons la bonne foi de nos frères les
« pêcheurs, nous sommes sûrs qu'ils rem-
« pliront honnêtement cette condition. Les
« viguiers et autres officiers de la ville sont
« tenus de faire exécuter notre jugement pro-
« noncé contre Raymond V, baron des Anbiez.
« Dans le cas où ledit seigneur des Anbiez

« s'opposerait audit jugement, il serait con-
« damné à cent livres d'amende dont un tiers
« serait applicable au roi, l'autre tiers à l'hô-
« pital du Saint-Esprit, et l'autre tiers à la
« susdite communauté. La connaissance des
« susdits délits et différends de pêche étant
« par lettres patentes de Henry Second inter-
« dite au parlement et à tous autres magis-
« trats, voulant leur majesté que les procès
« qui seraient portés pardevant eux pour le
« fait de la pêche, soient renvoyés aux susdits
« prud'hommes pour en connaître et en juger,
« en conséquence de quoi on a toujours dé-
« claré les appelants des jugements des susdits
« prud'hommes non-recevables en leur appel.
« Fait à la maison-de-ville de la Ciotat, etc. »

La raison et le bon sens de cet arrêt furent merveilleusement appréciés par la foule; elle applaudit le jugement à plusieurs reprises, en criant :

— Vivent les prud'hommes pêcheurs ! Vive Raymond V !

La séance levée, la foule s'écoula.

Raymond V resta quelques moments dans la

salle et dit au guetteur du cap de l'Aigle, en lui tendant la main :

— Bien jugé, mon vieux Peyroü.

— Monseigneur, de pauvres gens comme nous ne sont ni scribes, ni clercs, mais le Seigneur inspire les simples de sa justice.

— Brave homme... — dit Raymond V en le regardant avec intérêt — veux-tu venir dîner avec moi à la Maison-Forte ?

— Ma logette m'attend, Monseigneur, et Luquin Trinquetaille s'y ennuie.

— Allons, allons, j'irai t'y voir... avec mes frères ; ils arriveront bientôt.

— Avez-vous des nouvelles de monsieur le commandeur ? — demanda Peyroü.

— J'en ai de Malte ; elles sont bonnes, et annoncent toujours son retour ici pour la Noël ; mais dans sa lettre... il paraît plus triste que jamais.

Le guetteur baissa la tête et soupira.

— Ah ! Peyroü — dit le baron — que cette mélancolie dont j'ignore la cause est fâcheuse et fatale.

— Bien fatale... —répondit le guetteur, absorbé dans sa pensée.

— Tu en sais la cause, toi, au moins — dit Raymond V avec une sorte d'amertume, comme s'il eût souffert de la réserve de son frère.

— Monseigneur... — dit Peyroü.

— Rassure-toi. Je ne te demande pas de me dévoiler ce triste secret, qui n'est pas le tien... Allons, adieu... brave homme... Après tout, maintenant j'aime autant que notre différend ait été jugé par toi.

— Monseigneur — dit Peyroü, qui semblait vouloir échapper au souvenir que les questions du baron sur le commandeur venaient d'éveiller en lui — Monseigneur, le bruit avait couru que vous ne vous rendriez pas à notre tribunal.

— Oui, d'abord j'avais résolu de n'y pas aller ; Talebard-Talebardon était convenu d'un arrangement amiable, dans mon premier mouvement de colère, j'avais songé à vous envoyer tous au diable !

— Monseigneur, ce n'est pas le consul seul qui s'est décidé à appeler la cause devant nous.

— Je l'ai pensé ; c'est pour cela que je me suis ravisé ; au lieu d'agir en fou, j'ai agi avec la sagesse d'une barbe grise. C'est ce drôle de l'amirauté de Toulon que j'ai fouaillé, qui a excité le consul, n'est-ce pas?

— — On le dit, Monseigneur.

— Tu avais raison, Honorat — dit le baron en se retournant vers M. de Berrol.

— Allons, à bientôt, Peyroü.

En sortant de la grand'salle, le baron trouva sur la place de la maison-de-ville son carrosse entouré par la foule.

Salué avec acclamation, il fut profondément touché de cet accueil.

Au moment où il allait monter en voiture, il avisa maître Isnard le greffier dans l'embrasure d'une porte.

L'homme de loi semblait désolé du résultat de la séance. Ses perfides desseins se trouvaient ainsi déjoués.

— Hé! maître greffier — cria le baron à demi-monté sur le marchepied de sa voiture —retournes-tu bientôt à Marseille?

—J'y retournerai bientôt, Monseigneur — répondit-il d'un air bourru.

—Eh bien! tu diras au maréchal de Vitry que, si je t'ai menacé de coups de fouet, c'est que tu m'apportais de sa part des ordres insultants pour la noblesse provençale ; tu vois qu'au contraire je me suis rendu avec soumission par-devant le tribunal populaire, dont je respecte les arrêts. Quant à la différence de ma conduite dans ces deux circonstances, greffier, tu l'expliqueras au maréchal... Je résisterai toujours par la force aux ordres iniques des tyranneaux du cardinal tyran... mais je respecterai toujours les droits et les priviléges des antiques communautés provençales. La noblesse est au peuple comme la lame est à la poignée. Les communautés sont à nous comme nous sommes à elles ; entends-tu, drôle ! Dis bien cela à ton Vitry...

— Monseigneur, ces paroles... — dit vivement le greffier.

Mais Raymond V, l'interrompant, s'écria :

— Dis-lui, enfin, que si je garde ma maison fortifiée, c'est pour pouvoir être utile à la ville, comme je l'ai déjà été ! Quand le berger n'a plus de chiens, le troupeau est bientôt dévoré ; et, maujour ! les loups ne sont pas loin...

En disant ces dernières paroles, Raymond V

monta dans sa voiture, et partit lentement, aux acclamations mille fois répétées de la foule.

Le vieux gentilhomme, malgré sa franchise et sa rudesse, avait fort habilement et fort politiquement rangé la population de son côté, dans la prévision d'une collision possible avec le pouvoir du maréchal.

CHAPITRE XVII.

LA LONGUE-VUE.

Après la séance, dans laquelle, en sa qualité de syndic des prud'hommes-pêcheurs, il avait prononcé la condamnation de Raymond V, le guetteur du cap de l'Aigle regagna sa logette, momentanément confiée aux soins du brave Luquin Trinquetaille.

Peyroü était triste ; les derniers mots du baron des Anbiez au sujet du commandeur avaient éveillé en lui de pénibles souvenirs.

A mesure qu'il gravit les escarpements du promontoire, son cœur se dilata. Trop habitué à la solitude pour se plaire dans la société des hommes, le guetteur ne se trouvait heureux qu'au faîte de son rocher, d'où il écoutait, avec une sorte de pieux recueillement les lointains mugissements de la mer et les terribles éclats de la tempête.

Rien de plus absolu, de plus impérieux, que l'habitude de l'isolement, surtout chez les êtres qui trouvent d'inépuisables ressources dans la sagacité de leur observation, dans les fantaisies variées de leur imagination.

Ce fut avec un profond sentiment de satisfaction que le guetteur mit le pied sur l'esplanade du cap de l'Aigle.

Il s'approcha de sa logette, et y trouva le digne Luquin profondément endormi.

Le premier mouvement de Peyroü fut de parcourir l'horizon d'un regard inquiet, puis de l'interroger à l'aide de sa lunette. Heureusement il n'y vit rien de suspect ; aussi sa physionomie fut-elle plutôt gaie que sévère, lorsque, secouant rudement le capitaine de *la Sainte-Épouvante des Moresques,* il lui dit d'une voix forte :

— Alerte... alerte... aux pirates !!...

Luquin fit un bond, se redressa sur ses pieds et se frotta les yeux.

— Eh bien ! mon garçon — lui dit le guetteur — voici donc déjà cette grande activité endormie ? A vous entendre, une dorade ou un mulet ne ferait pas un saut dans la mer que vous ne le signaliez. Ah ! jeune homme.. .. jeune homme..... *Proün paillou, proü gran* (beaucoup de paille peu de grain) *.

Luquin regardait le guetteur d'un air ébahi, à peine il pouvait rassembler ses esprits ; enfin, trébuchant comme un homme ivre, il dit en étendant les bras : — C'est vrai, maître Peyroü, je dormais là comme une gourmette en gabie **. J'ai pourtant tenu mes yeux ouverts de toutes mes forces.

— C'est pour cela, mon garçon, que le sommeil y sera entré plus facilement. Mais me voici, vous pouvez descendre dans la ville. Il y aura plus d'une bouteille vidée sans vous à la tarverne de l'Ancre-d'Or.

Luquin n'était pas tout à fait revenu à lui, il regardait encore le guetteur d'un air stupide.

Celui-ci, sans doute pour tirer complète-

---

* Ce proverbe équivaut à : Beaucoup de bruit pour rien.
** Mousse en vigie. — On appelait les mousses *Gourmettes* sur la Méditerranée.

ment le capitaine de sa torpeur, ajouta : — Allons ! allons ! Stéphanette, votre fiancée, sera engagée pour danser par Tezarol le Lamaneur ou par le Patron Bernard, et vous n'aurez pas sa main de toute la journée !

Ces mots firent un effet magique sur le capitaine ; il s'affermit sur ses longues jambes, se secoua, chercha son équilibre et frappant plusieurs fois du pied par terre, il dit au guetteur :

— Tenez, maître Peyroü, si je n'étais pas sûr de n'avoir bu qu'un verre de sauve-chrétien avec le bohémien du diable, pour faire ma paix avec lui, comme l'a voulu Stéphanette... (lâche faiblesse dont je n'ai pas pu me défendre) — ajouta le capitaine — je croirais vraiment que je suis ivre.

— C'est singulier... vous n'avez bu qu'un verre de sauve-chrétien... avec le bohémien, et vous êtes tout engourdi ?

— Un seul verre, et à demi encore, car ce qu'on boit avec un pareil mécréant paraît amer.

— Ce bohémien est donc toujours à la Maison-Forte ? — demanda Peyroü d'un air pensif et sérieux...

— Toujours, maître Peyroü; puisque tout le monde en est affolé ! depuis monseigneur jusqu'à l'abbé Mascarolus ! Il en est de même des femmes... depuis mademoiselle Reine jusqu'à la vieille Dulceline, sans parler de Stéphanette, qui lui donne des rubans, couleur de feu... Des rubans couleur de feu ! — s'écria Luquin avec indignation — c'est un ruban tissé par le cordier qu'il lui faudrait, à ce misérable ! Mais que voulez-vous ? toutes les femmes en ont la tête tournée... Et pourquoi ? Parce que ce vagabond racle, tant bien que mal, d'une manière de vieille guitare, dont le son enroué ressemble fort, selon moi, au cri des poulies de ma tartane, lorsqu'on hisse la grand'voile.

— Le bohémien n'est-il pas arrivé à la Maison-Forte le jour où Raymond V a fait poursuivre le greffier par un taureau ?

— Oui, maître Peyroü, et ce fut un jour fatal que celui où ce chien errant mit le pied dans la Maison-Forte...

— C'est étrange ! — dit le guetteur, en se

parlant à lui-même. — Alors je me serai trompé.

— Ah ! maître Peyroü, il me prend souvent bien envie d'emmener ce vagabond sur la grève de l'anse aux Engoulevents, et là d'échanger avec lui quelques coups de pistolet, jusqu'à tant que sa mort ou la mienne s'ensuive.

— Allons... allons, Luquin, vous êtes fou, la jalousie vous égare, et vous avez tort. Stéphanette est une bonne et honnête fille, c'est moi qui vous le dis... Quant à ce vagabond...

Puis s'interrompant, comme si ce qu'il voulait dire dût rester secret pour Luquin, il ajouta : — Allons, allons, mon garçon, ne perdez pas ici votre temps avec un vieux bonhomme, tandis que votre jeune et jolie fiancée vous attend. Ne la négligez pas. Soyez souvent auprès d'elle et mariez-vous le plus tôt possible. *A boueno taire, bouen labouraire* (à bonne terre, bon laboureur).

— Tenez, maître Peyroü, vous me mettez du baume dans le sang — dit le capitaine — vous êtes presque sorcier. Tout le monde vous respecte, vous aime ; vous prenez le parti de Stéphanette, il faut qu'elle le mérite.

— Par Notre-Dame-de-la-Garde, sans doute elle le mérite. N'est-elle pas encore venue, avant votre départ pour Nice, me demander si vous pouviez sans crainte entreprendre ce voyage ?

— C'est vrai, maître Peyroü, et grâce à vous et à vos mouches cabalistiques que j'ai mises sur mes boulets, grâce aussi à votre huile de syrakoë, non moins cabalistique, dont j'ai enduit les batteries de mes mousquets et de mes pierriers, j'ai donné une furieuse chasse à un forban qui s'était approché... trop indiscrètement de *la Sainte-Épouvante des Moresques* et des bâtiments marchands qu'elle escortait. Ah! vous êtes un grand homme, maître Peyroü.

— Et ceux qui écoutent mes conseils sont des gens sages et sensés — ajouta le guetteur, en souriant — or les gens sages ne laissent jamais leur fiancée s'ennuyer !

Après avoir de nouveau remercié le guetteur, Luquin Trinquetaille, bien décidé à profiter de ses avis relativement à Stéphanette, se rendit en toute hâte à la Maison-Forte.

En se retrouvant seul, Peyroü fit un soupir

de contentement, comme s'il se fût retrouvé maître de son petit royaume.

Quoiqu'il accueillît avec aménité toux ceux qui le venaient consulter, il ne voyait pas leur départ sans un secret plaisir.

Il entra dans sa logette et jeta un profond soupir après avoir contemplé quelque temps le riche meuble d'ébène qui semblait toujours éveiller en lui de pénibles souvenirs, puis, attendant la nuit, il s'enveloppa dans son épais caban.

Bien abrité du vent de tramontane qui soufflait toujours, Peyroü alluma sa pipe et jeta un regard mélancolique sur l'immense horizon qui se déroulait à sa vue.

Nous l'avons dit, du sommet du cap de l'Aigle on découvrait parfaitement à l'ouest de cette pointe la Maison-Forte de Raymond V.

Il était environ trois heures, le guetteur crut apercevoir au loin un navire ; il prit sa longue-vue, suivit longtemps des yeux ce point d'abord incertain, et qui devint de plus en plus distinct.

Il reconnut bientôt un lourd bâtiment de

commerce dont l'aspect n'offrait rien de menaçant.

En suivant la manœuvre et la marche de ce navire à l'aide de sa lunette, il la braqua machinalement sur la masse assez importante de la Maison-Forte de Raymond V, et sur une partie de la grève absolument découverte qui touchait aux rochers où s'élevait le château.

Il distingua bientôt Reine des Anbiez, montée sur sa haquenée et suivie de maître Laramée. La jeune file allait sans doute au-devant du baron sur la route de la Ciotat.

Quelques blocs de rochers surplombaient et masquaient la grève, Peyroü perdit de vue pendant quelque temps mademoiselle des Anbiez.

A ce moment le guetteur entendit un bruit assez fort, sentit l'air agité au-dessus de lui ; son aigle s'abattit à ses pieds. Elle venait réclamer, sans doute, sa nourriture accoutumée, car elle poussa quelques cris rauques et impatients.

Le guetteur carressa l'oiseau avec distraction, un nouvel incident venait d'éveiller l'attention du vieillard.

Sa vue était si perçante qu'en cherchant l'endroit de la côte où devait reparaître mademoiselle des Anbiez, il distingua confusément dans le creux d'un rocher un homme qui semblait s'y cacher avec précaution.

Braquant aussitôt sa lunette sur cet homme, il reconnut le bohémien.

A son grand étonnement, il le vit tirer d'un petit sac un pigeon blanc et lui attacher au col un sachet dans lequel il glissa une lettre.

Évidemment le bohémien se croyait à l'abri de tout regard. Grâce à la forme, à l'élévation du rocher où il s'était blotti, on ne pouvait, en effet, l'apercevoir ni de la côte, ni de la Maison-Forte.

Il fallut la prodigieuse élévation du cap de l'Aigle qui dominait tout le rivage de la baie pour que maître Peyroü pût découvrir le bohémien.

Après avoir regardé de côté et d'autre avec inquiétude, et comme s'il craignait d'être remarqué malgré ses précautions, le vagabond assura de nouveau le sachet autour du col du pigeon et le laissa s'envoler.

Sans doute l'intelligent oiseau savait la direction qu'il devait prendre.

Une fois en liberté il n'hésita pas ; il s'éleva presque perpendiculairement au-dessus du bohémien, puis se dirigea rapidement vers l'est. Par un mouvement aussi vif que la pensée, Peyroü prit son aigle et tâcha de lui faire apercevoir le pigeon qui déjà ne paraissait plus que comme un point blanc dans l'espace.

Pendant quelques secondes, l'aigle ne parut pas voir l'oiseau ; mais, poussant tout-à-coup un cri rauque, il ouvrit violemment ses larges ailes et se mit à la poursuite de l'émissaire du bohémien.

Soit que le malheureux pigeon fût averti par son instinct du danger qui le menaçait, soit qu'il entendît les cris farouches de son ennemi, il redoubla de vitesse et fila avec la rapidité d'une flèche.

Une fois il tenta de s'élever au-dessus de l'aigle, peut-être pour tâcher de lui échapper en disparaissant dans les nuages sombres et bas qui voilaient l'horizon ; mais l'aigle d'un seul coup de son aile puissante atteignit à une telle hauteur, que le pigeon, ne pouvant lutter avec son adversaire, se laissa rapidement tomber à quelques pieds de la surface de la mer, et rasa le sommet des vagues alors très-élevées.

Brillante le suivit encore dans cette nouvelle manœuvre.

Le guetteur était partagé entre le désir de voir se terminer la lutte de l'aigle et du pigeon et la curiosité d'examiner la contenance du bohémien.

Grâce à sa lunette, il vit ce dernier, dans un état d'agitation extraordinaire, suivre avec anxiété les chances diverses de perte ou de salut qui restaient à son messager.

Enfin le pigeon tenta un dernier effort; reconnaissant sans doute que le terme de son voyage était trop éloigné pour pouvoir l'atteindre, il voulut revenir sur ses pas et regagner la côte, afin d'échapper à son terrible ennemi.

Malheureusement ses forces le trahirent, son vol devint pesant, en s'approchant trop près des vagues il fut inondé d'eau et d'écume.

L'aigle profita de l'instant où le pigeon reprenait péniblement un essor embarrassé pour fondre sur lui avec la rapidité de la foudre; il le saisit dans ses fortes serres, s'éleva rapidement dans la direction du promontoire et vint avec sa proie se réfugier dans son aire, situé sur un rocher peu éloigné de la logette du guetteur.

Celui-ci se leva vivement pour lui arracher l'oiseau; il ne put y parvenir. Le naturel sauvage de *Brillante* reprit le dessus, elle hérissa ses plumes, poussa des cris aigus, et se montra disposée à défendre vigoureusement sa proie déjà sans vie.

Peyroü craignit qu'en irritant l'aigle, elle n'allât s'abattre dans quelque rocher inaccessible; il la laissa donc tranquillement dévorer le pigeon, ayant remarqué que le sachet qu'il portait au col était composé de deux petites plaques d'argent, et attaché au moyen d'une chaînette de même métal.

Le guetteur n'avait donc pas à craindre la destruction de la lettre qu'il y savait renfermée.

Pendant que l'aigle dévorait en paix l'émissaire du bohémien, Peyroü revint à la porte de sa logette, reprit sa longue-vue, et interrogea en vain les roches de la côte pour découvrir le vagabond : il avait disparu.

En se livrant à cette nouvelle investigation,

le guetteur vit sur la plage le carrosse de Raymond V ; le baron avait pris la monture de Laramée, chevauchant à côté de Reine, et regagnait sans doute avec elle la Maison-Forte.

Croyant que l'aigle avait fini sa curée, le guetteur se dirigea vers son aire.

Brillante n'y était plus, mais, parmi les plumes et les os du pigeon, il vit le sachet, l'ouvrit, et y trouva une lettre de quelques lignes écrites en caractères arabes.

Malheureusement, Peyroü ne connaissait pas cette langue. Seulement, dans ses fréquentes campagnes contre les barbaresques, il avait remarqué dans les lettres de marque de ces corsaires la configuration du mot *Reïs*, qui signifie capitaine, et qui suivait toujours le nom du commandement des bâtiments.

Dans la lettre qu'il venait de surprendre, il retrouva trois fois le mot Reïs...

Il pensa que le bohémien pouvait être le secret émissaire de quelque pirate barbaresque dont le navire, embusqué dans une des baies désertes de la côte, attendait, sans doute, un signal convenu pour débarquer. — Le bohémien avait dû quitter ce navire pour venir à la

Maison-Forte, en emportant son pigeon, et l'on sait avec quelle intelligence ces oiseaux retrouvent les lieux qu'ils ont coutume d'habiter.

En relevant la tête pour jeter un nouveau coup-d'œil à l'horizon, le guetteur vit au loin, sur la ligne azurée qui séparait le ciel de la mer, des voiles triangulaires d'une hauteur démesurée, qui lui semblèrent suspectes ; il braqua sa lunette ; un nouvel examen le confirma dans la pensée que le chebek en vue pouvait appartenir à quelque pirate.

Il suivit pendant quelque temps la manœuvre du bâtiment.

Au lieu de s'avancer vers là côte, le chebek semblait courir des bordées, et louvoyer malgré la violence croissante du vent, comme s'il eût attendu un pilote ou un signal.

Le guetteur tâchait de relier dans sa pensée l'envoi du pigeon à l'apparition de ce navire de mauvais augure, lorsqu'un léger bruit lui fit lever la tête.

Le bohémien était devant lui.

CHAPITRE XVIII.

LE SACHET.

Le sachet et la lettre ouverte étaient encore sur les genoux du guetteur. D'un mouvement plus rapide que la pensée, et qui échappa au bohémien, il cacha le tout dans sa ceinture. En même temps, il s'assura que son long couteau catalan pouvait facilement sortir de sa gaîne, car la physionomie sinistre du vagabond ne lui inspirait aucune confiance.

Pendant quelques moments, ces deux hommes se regardèrent en silence et se mesurèrent des yeux.

Quoique vieux, le guetteur était encore vert et vigoureux.

Le bohémien, plus grêle, mais beaucoup plus jeune, semblait hardi et résolu.

Peyroü fut très impatienté de cette visite ; il devait surveiller les manœuvres du chebek suspect ; la présence du bohémien le gênait.

— Que voulez-vous ? — dit brusquement le guetteur.

— Rien, je viens voir le soleil se coucher dans la mer.

— C'est un beau spectacle... mais on peut le voir aussi bien ailleurs qu'ici.

En disant ces mots, le guetteur rentra dans l'intérieur de sa logette, prit deux pistolets, en passa un à sa ceinture, arma l'autre, le prit à la main, et sortit.

On pouvait alors distinguer le chebek à l'œil nu.

Le bohémien, voyant Peyroü armé, ne put réprimer un mouvement de surprise, presque de dépit ; il lui dit d'un ton railleur, en montrant le pistolet :

— Vous portez là une étrange lunette, guetteur !

— L'autre est bonne à surveiller l'ennemi

quand il est loin ; celle-ci me sert quand il est proche.

— De quel ennemi parlez-vous, guetteur ?

— De vous.

— De moi ?

— De vous.

Ces mots échangés, ces deux hommes gardèrent pendant quelques moments le silence.

— Vous vous méprenez... je suis l'hôte de Raymond V, baron des Anbiez — dit le bohémien avec emphase.

— Le scorpion venimeux est-il aussi l'hôte de la maison qu'il habite? — répondit Peyroü en le regardant fixement.

Les yeux du vagabond s'animèrent ; au tressaillement musculaire qui rida ses joues, Peyroü vit qu'il serrait violemment ses dents les unes contre les autres ; pourtant le vagabond reprit avec un calme affecté :

— Je ne mérite pas vos reproches, guetteur; Raymond V a eu pitié d'un pauvre vagabond, il m'a offert son toit...

— Et, pour lui prouver ta reconnaissance, tu voudrais appeler le malheur et la ruine sur son toit ?

— Moi ?

— Toi, tu es d'intelligence avec ce chebek qui louvoie là-bas à l'horizon.

Le bohémien regarda le bâtiment de l'air le plus indifférent du monde et répondit :

— De ma vie je n'ai mis le pied sur un navire ; quant à l'intelligence que vous me supposez avec ce bateau, que vous appelez... un chebek... je crois, je doute que ma voix et que mes signes puissent arriver jusqu'à lui.

Le guetteur jeta un regard perçant sur le bohémien et lui dit : — Tu n'as jamais mis le pied sur le pont d'un navire ?

— Jamais, si ce n'est dans les barques du Rhône ; car je suis né en Languedoc sur un grand chemin : mon père et ma mère faisaient partie d'une bande de bohémiens venus d'Espagne ; pour tout souvenir de mon enfance, je me rappelle ce refrain souvent chanté dans notre horde vagabonde :

> Quando me pario
> Mi madre la Gitana.

Voilà tout ce que je sais de ma naissance, voilà tous mes papiers de famille, guetteur.

— Les bohémiens d'Espagne parlent aussi arabe — dit Peyroü en observant attentivement le vagabond.

— On le dit ; moi, je ne sais pas d'autre langue que celle que je parle... assez mal comme vous voyez.

— Le soleil se couche derrière les grands nuages là-bas... pour un curieux de ce spectacle, tu y parais bien indifférent — reprit le guetteur d'un air ironique — sans doute le chebek t'intéresse davantage.

— Demain soir, je regarderai le soleil se coucher ; aujourd'hui j'aime mieux passer mon temps à deviner vos énigmes, guetteur.

Pendant cette conversation, le syndic des prud'hommes de mer ne quittait pas de vue le bâtiment qui louvoyait toujours et semblait évidemment attendre un signal.

Quoique la tournure de ce navire lui fut suspecte, Peyroü hésitait à donner l'alarme sur la côte en allumant son feu... Mettre le littoral en émoi sans nécessité était un dangereux précédent ; une autre fois, en cas de danger réel: l'empressement général pouvait se ressentir de cette fausse alerte.

Pendant que le guetteur se livrait à ses réflexions, le bohémien regardait autour de lui d'un air inquiet ; il tâchait de découvrir quelques traces de l'aigle ; du rocher où il était tapi, il avait vu *Brillante* s'abattre dans cette direction.

Un moment le bohémien eut la pensée de se défaire de Peyroü, mais il renonça bientôt à ce projet. Le guetteur, armé, vigoureux, se tenait sur ses gardes.

Peyroü, malgré la colère que lui inspirait la présence du vagabond, craignait de le voir redescendre à la Maison-Forte ; Raymond V ne se défiait pas de ce misérable. Celui-ci, voyant ses mauvais desseins découverts par le guetteur, pouvait tenter quelque méchante entreprise avant de quitter le pays.

Pourtant il était impossible que Peyroü abandonnât sa logette dans ces graves circonstances pour avertir le baron. La nuit s'approchait et le bohémien était toujours là.

Heureusement la lune était presque pleine ; malgré les nuages amoncelés, sa lumière se projetait assez vive pour éclairer les manœuvres du chebek.

Le bohémien, les bras croisés sur sa poitrine, regardait Peyroü avec un sang-froid imperturbable.

— Voici le soleil couché — lui dit le vieux marin — la nuit sera froide, tu feras aussi bien de retourner à la Maison-Forte.

— Je passerai la nuit ici — dit le vagabond.

Le guetteur se leva furieux, et s'avança d'un air menaçant vers le bohémien.

— Et moi ! par Notre-Dame, je jure que tu vas à l'instant redescendre sur la grève.

— Et si je ne le veux pas?

Je te tue !

Le bohémien haussa les épaules.

— Vous ne me tuerez pas, guetteur, et je resterai.

Peyroü arma son pistolet et s'écria : — Prends garde...

— Vous tueriez un homme sans défense, qui ne vous fait aucun mal? Je vous en défie — dit le vagabond sans bouger de place.

Le guetteur baissa son arme ; un meurtre lui répugnait.

Il remit son pistolet à sa ceinture, et se promena avec une violente agitation.

Il se trouvait dans une position singulière: il ne pouvait se débarrasser de cet importun ni par la crainte ni par la force; il lui fallait se résoudre à passer la nuit ainsi, toujours sur ses gardes.

Il prit ce dernier parti, espérant bien que, le lendemain quelqu'un paraissant, il pourrait se délivrer du bohémien.

— Allons, soit — lui dit-il avec un sourire forcé — quoique je ne vous aie pas demandé pour compagnon, nous passerons la nuit à côté l'un de l'autre.

— Et vous ne vous en repentirez pas, guetteur... Je ne suis pas marin, mais j'ai la vue longue; si le chebek vous inquiète, je vous aiderai à le surveiller.

Après quelques moments de silence, le guetteur s'assit sur un bloc de rocher.

Le vent augmentait de violence, et soufflait avec force. De grands nuages voilaient de temps à autre le disque pâle de la lune; la porte de la logette, restée ouverte, battait avec fracas.

— Si tu veux être bon à quelque chose — dit Peyroü — prends ce bout de corde qui est là par terre, et attache la porte de ma logette, car le vent s'élève.

Le bohémien regarda le guetteur d'un air étonné, et hésita un moment à obéir.

— Vous voulez m'y enfermer... Vous êtes habile, guetteur.

Peyroü se mordit les lèvres, et reprit :

— Attache cette porte en dehors... te dis-je, ou sinon je te prendrai pour un mauvais compagnon.

Le bohémien, ne voyant alors aucun inconvénient à satisfaire le guetteur, ramassa la corde, la passa dans un piton vissé à la porte, et la noua à un crampon de fer scellé dans le mur.

Le guetteur, toujours assis, suivait attentivement les mouvements de son compagnon.

Le nœud fait, Peyroü s'approcha et s'écria, après un moment d'examen :

— Aussi vrai que le Seigneur Dieu est au ciel, tu es marin !

— Moi, guetteur...

— Et tu as servi à bord des corsaires barbaresques...

— Jamais! jamais!

— Je te dis que celui qui n'a pas navigué avec les pirates d'Alger ou de Tunis ne peut avoir l'habitude de faire triple ce nœud, comme tu viens de le faire... Eux seuls attachent ainsi l'ancre à l'organeau *!

Le bohémien à son tour se mordit les lèvres jusqu'au sang ; mais, reprenant son calme, il dit :

— Allons, allons, vous avez un bon coup-d'œil ; vous avez à la fois tort et raison, seigneur guetteur. Ce nœud m'a été appris par un des nôtres qui nous a rejoints en Languedoc, après avoir été esclave sur un corsaire d'Alger.

Perdant toute patience, furieux de l'impudence de ce misérable, le guetteur s'écria :

— Je te dis que tu mens... Tu viens ici préparer quelque détestable artifice... Tiens... regarde !...

Et le guetteur lui montra le sachet.

* Voir la note du deuxième volume.

Le bohémien stupéfait ne put retenir un cri de malédiction en arabe.

Si le guetteur avait pu conserver le moindre doute sur la personne du bohémien, cette dernière exclamation, qui avait souvent frappé ses oreilles dans ses combats avec les pirates, eût suffi pour lui prouver la vérité de ses soupçons.

Les yeux du vagabond étincelaient de rage.

— Je vois tout — s'écria-t-il — l'aigle est venue ici dévorer le pigeon ! De la grève je l'avais vue s'abattre dans ces rochers. Ce sachet ou ta vie ! — s'écria le bohémien en tirant un poignard de son pourpoint, et en s'élançant sur le guetteur.

Le canon d'un pistolet appuyé sur sa poitrine rappela au bohémien que Peyroü était plus formidablement armé que lui.

Frappant du pied avec rage, le vagabond s'écria :

— Éblis est avec lui !

— J'en étais sûr, tu es pirate ; ce chebek attendait tes instructions ou ton signal pour s'approcher ou pour s'éloigner de la côte. Ta rage est grande, de voir tes méchants desseins déjoués, mécréant ! — dit le guetteur.

— Éblis * m'avait donc touché de son aile invisible, que j'oubliais le seul moyen de tout réparer — s'écria tout-à-coup le bohémien.

Faisant un bond de joie, il disparut aux yeux étonnés du guetteur, et descendit en toute hâte le chemin escarpé qui conduisait à la plage.

* Le diable.

CHAPITRE XIX.

LE SACRIFICE.

La nuit se passa sans nouvel incident.

Au lever du soleil, le chebek n'était plus en vue.

Peyroü attendait avec impatience l'arrivée du jeune marinier qui le relevait de temps à autre de son guet.

Il avait hâte de prévenir Raymond V des méchantes intentions qu'il supposait au bohémien.

Vers les deux heures, Peyroü fut très-étonné de voir paraître mademoiselle des Anbiez, accompagnée de Stéphanette.

Reine s'approcha de lui avec un certain embarras.

Sans partager les idées presque superstitieuses des habitants du golfe, au sujet du guetteur du cap de l'Aigle, elle était involontairement émue en venant l'entretenir d'un sujet auquel elle ne pouvait songer sans tristesse. La jeune fille avait reçu par la même voie inconnue et mystérieuse de nouvelles marques du souvenir d'Érèbe.

Toutes les précautions de Reine et de Stéphanette avaient été vaines pour découvrir la source de ces envois étranges.

Par une impardonnable opiniâtreté, par un fol amour du merveilleux, Reine avait continué de tout cacher à son père et à Honorat.

Ce dernier était parti de la Maison-Forte dans un accès de jalousie aussi douloureux que déraisonnable.

La veille du jour de la séance des prud'hommes de mer, Reine avait, en s'agenouillant le soir devant son prie-Dieu, trouvé un rosaire de bois de sandal d'un merveilleux travail.

L'agrafe qui devait l'attacher à sa ceinture portait encore l'empreinte émaillée de la petite colombe dont nous avons parlé, symbole du souvenir et de l'amour de l'inconnu.

Depuis le chant du bohémien, l'imagination de Reine, violemment excitée, avait fait mille rêves sur l'aventureuse existence du jeune émir, ainsi que l'avait nommé le vagabond.

Soit à dessein, soit par hasard, celui-ci avait laissé sa guzla dans le cabinet de Reine, après le départ d'Honorat de Berrol.

La jeune fille, curieuse de revoir les traits de l'inconnu, prit la guitare, ouvrit le médaillon ; mais à sa grande surprise le portrait, mal fixé sans doute, s'en détacha et lui resta entre les mains.

Dame Dulceline entra ; Reine rougit, ferma le médaillon, et cacha le portrait, dans son sein ; elle comptait remettre cette miniature à sa place. Le soir vint, Stéphanette, sans prévenir sa maîtresse, rendit la guitare au bohémien. Le couvercle du médaillon était fermé, ni le chanteur ni la suivante ne s'aperçurent de rien.

Le lendemain matin, Reine fit chercher le bohémien pour lui remettre le portrait. Le bohémien avait disparu, sans doute, pour lâcher le pigeon que l'aigle avait dévoré.

Reine avait eu le courage de briser le petit

vase de cristal, de brûler la miniature sur vélin ; elle n'eut pas le courage de détruire le portrait, le rosaire qu'elle avait trouvé dans son oratoire.

Malgré ses luttes, malgré ses prières au ciel, malgré sa volonté d'oublier la journée des roches d'Ollioules, le souvenir de l'inconnu envahissait de plus en plus son cœur.

Les chants du vagabond sur le *jeune émir,* ainsi qu'il nommait Érèbe, avaient profondément ému la jeune fille. Ces contrastes de courage et de bonté, de puissance et de pitié touchante lui rappelaient le singulier mélange d'audace et de timidité qui l'avait frappée lors de la scène des gorges d'Ollioules.

Elle comptait sur la restitution du portrait pour entamer d'une manière indirecte avec le bohémien une nouvelle conversation sur l'émir.

Malheureusement, le bohémien avait disparu.

Le soir, au grand étonnement des habitants de la Maison-Forte, il n'y rentra pas. Raymond V, qui l'aimait, ordonna à ceux de ses gens qui veillaient la nuit de se préparer à abaisser le pont dans le cas où le bohémien paraîtrait, malgré la règle invariable du château.

Le matin, le vagabond ne revint pas davantage. On le crut endormi, après boire, dans quelque taverne de la Ciotat. On fut seulement étonné de ne pas retrouver ses deux pigeons privés dans la cage où il les tenait ordinairement enfermés.

Inquiète des événements bizarres qui se passaient depuis quelque temps, cédant enfin moitié par curiosité, moitié par conviction, aux instances de Stéphanette qui avait la plus merveilleuse idée de la science du guetteur, Reine s'était décidée à venir le consulter sur les mystères dont la Maison-Forte était le théâtre.

On disait tant de choses miraculeuses sur maître Peyroü, que Reine, quoique peu superstitieuse, subit l'influence de l'opinion générale.

Elle allait donc interroger Peyroü, lorsqu'elle se vit, à sa grande surprise, interrogée par celui-ci au sujet du bohémien. — Mademoiselle, le vagabond est-il rentré cette nuit à la Maison-Forte ? — dit vivement Peyroü.

— Non, mon père en est inquiet. On croit d'ailleurs qu'il aura passé la nuit à boire dans quelque taverne de la Ciotat.

— Ce qui serait étonnant — ajouta Stéphanette — car le pauvre garçon semble d'une sobriété exemplaire.

— Ce pauvre garçon ! — s'écria le guetteur — est un espion des pirates.

— Lui ! — s'écria Reine.

— Lui-même, mademoiselle; un chebek a croisé une partie de la nuit en vue du golfe, n'attendant sans doute, pour débarquer, que le signal de ce vagabond.

En peu de mots le guetteur mit Reine au fait de l'aventure du pigeon, lui dit sur quels indices irrécusables il soupçonnait le bohémien d'avoir des intelligences avec les Barbaresques, lui montra le sachet, la lettre, et les lui remit pour que le baron fit traduire l'écrit par un des frères Minimes de la Ciotat, qui, longtemps esclave à Tunis, savait l'arabe.

En apprenant les soupçons odieux qui pesaient sur le bohémien, Reine, sans se rendre raison de cette crainte, n'osa pas confier au guetteur l'objet de sa visite.

Stéphanette regarda sa maîtresse d'un air interdit, et s'écria : — Notre-Dame! qui aurait pu croire que ce mécréant qui chantait si bien fût un si abominable scélérat? Et moi, qui avais eu assez pitié de lui pour lui donner un ruban couleur de feu! Ah! ma chère maîtresse... et le portrait de...

Un signe impérieux de Reine empêcha Stéphanette de continuer.

— Adieu! bon guetteur — dit mademoiselle des Anbiez — je retourne vite à la Maison-Forte, prévenir mon père de se tenir sur ses gardes.

— N'oubliez pas, Stéphanette, de m'envoyer ici Luquin Trinquetaille. Il faut que je m'entende avec lui pour avoir un jeune guetteur de plus, dit Peyroü. — Je n'ai pas dormi de la nuit. Ce dangereux coquin erre peut-être dans les rochers, et peut venir m'assassiner au coucher de la lune. Les pirates doivent être aux environs du golfe, cachés dans quelqu'une des anses où ils s'embusquent souvent, pour attendre leur proie, car hélas! nos côtes ne sont pas gardées.

— Soyez tranquille, maître Peyroü, Luquin va venir avec ses deux cousins ; il n'y aura qu'à lui dire qu'il s'agit du bohémien, il ne tardera guère à arriver ici de toutes ses longues jambes... Et dire que j'ai donné un ruban couleur de feu, peut-être à un pirate — ajouta Stéphanette, en joignant les mains — peut-être à un de ces brigands qui ont tout ravagé ici l'an passé.

— Allez... allez, ma fille, et hâtez-vous ; il faut que je m'entende avec le capitaine sur une petite croisière qu'il pourra entreprendre aujourd'hui même avec sa polacre.... Nous préviendrons les consuls pour qu'on arme à l'instant quelques barques de pêche, d'hommes sûrs et déterminés. Il faut donner l'éveil sur toute la plage, armer l'entrée du golfe, qui n'est défendu que par le canon de la Maison-Forte, et se tenir prêt contre toute surprise ; car ces brigands fondent sur la côte avec la rapidité d'un ouragan... Ainsi, que Luquin vienne à l'instant ! Entendez-vous, Stéphanette... il y va du salut de la ville.

— Soyez tranquille, maître Peyroü — quoique cela me serre le cœur de savoir que mon pauvre Luquin va courir des dangers, je l'aime trop pour lui conseiller une lâcheté.

Pendant ce rapide entretien du guetteur et de sa suivante, Reine, plongée dans une rêverie profonde, avait descendu quelques marches du sentier qui conduisait à la plate-forme de la logette.

Ce sentier, très escarpé, contournait les parties extérieures du promontoire, et formait à cet endroit une sorte de corniche dont la saillie débordait de beaucoup le pied de cette immense muraille de rochers, élevés de plus de trois cents pieds au-dessus du niveau de la mer.

Une jeune fille, moins habituée aux promenades et aux courses dans les montagnes, aurait craint de s'aventurer sur cet étroit passage. Du côté de la mer, il n'avait pour parapet que quelques aspérités de rochers plus ou moins prononcées. Reine, bravant ces périls depuis son enfance, ne pensait pas même au danger qu'elle pouvait courir.

L'émotion qui l'agitait depuis son entrevue avec le guetteur l'absorbait entièrement.

Sa marche, tantôt lente, tantôt précipitée,

semblait participer de ses émotions tumultueuses.

Stéphanette la rejoignit bientôt. Surprise de la pâleur de sa maîtresse, elle allait lui en demander la cause, lorsque Reine lui dit d'une voix altérée, en lui faisant un geste de la main qui n'admettait pas de réplique : — Marche devant moi... Stéphanette... ne t'inquiète pas si je te suis ou non.

Stéphanette précéda donc sa maîtresse, se dirigeant en toute hâte vers la Maison-Forte.

L'agitation de Reine des Anbiez était extrême. Les relations qui semblaient exister entre le bohémien et l'inconnu étaient trop évidentes pour qu'elle ne conçut pas les soupçons les plus fâcheux sur ce jeune homme, que ce vagabond appelait l'émir.

Plusieurs circonstances qui ne l'avaient pas jusqu'alors frappée firent penser à Reine que le bohémien était un secret émissaire de l'inconnu. Sans doute, ce vagabond avait placé dans sa chambre les divers objets qui lui avaient causé tant de surprise. Dans cette hypothèse, une seule objection s'offrait à son esprit; elle avait trouvé le vase de cristal et la miniature sur vélin avant l'arrivée du vagabond.

Tout-à-coup un trait de lumière vint éclairer Reine ; elle se souvint qu'un jour, pour faire montre de son agilité devant Stéphanette, le bohémien avait descendu sur la terrasse par le balcon où s'ouvrait la fenêtre de l'oratoire de Reine, et qu'il avait remonté par la même voie ; une autre fois il s'était laissé glisser de la terrasse sur les rochers qui bordaient la plage, et était remonté des rochers sur la terrasse, à l'aide des aspérités du mur et des plantes pariétaires qui s'y étaient enracinées.

Quoiqu'il fut arrivé pour la première fois au château avec le greffier, ce vagabond n'avait-il pas pu, avant ce jour, se tenir caché dans les environs de la Ciotat? s'introduire par deux fois dans l'intérieur de la Maison-Forte pendant la nuit? puis, pour éloigner tout soupçon, être revenu avec la troupe du greffier, qu'il avait rencontrée par hasard?

Ces pensées, encore renforcées par quelques remarques, furent bientôt pour Reine d'irrécusables preuves. L'étranger et ses deux compagnons étaient sans doute des pirates qui, à l'aide de faux noms et de faux renseignements sur leur voyage, s'étaient donnés pour moscovites et avaient ainsi abusé de la crédulité du maréchal de Vitry.

— La première idée de Reine, idée absolue, impérieuse, fut d'oublier à tout jamais l'homme sur qui pesaient de si horribles soupçons.

La religion, le devoir, la volonté de son père, étaient autant d'obstacles insurmontables et sacrés que la jeune fille ne pensait pas à braver.

Jusque-là, sa jeune et vive imagination avait trouvé d'inépuisables aliments dans l'étrange aventure des roches d'Ollioules.

Tous ses chastes rêves de jeune fille s'étaient pour ainsi dire concentrés, réalisés, dans la personne d'Érèbe, de cet inconnu à la fois brave et timide, audacieux et charmant, qui avait sauvé la vie de son père.

Elle s'était, malgré elle, sentie touchée de la délicate et mystérieuse insistance avec laquelle Érèbe avait toujours tâché de se rappeler à son souvenir.

Sans doute, Reine n'avait jamais entendu la

voix de cet étranger ; sans doute elle ignorait si son esprit, si son caractère répondaient aux grâces de sa personne. Mais, pendant ces longues rêveries, où une jeune fille songe à celui dont le regard l'a troublée, ne lui prête-t-elle pas les plus délicates, les plus douces paroles ? ne lui fait-elle pas dire tout ce qu'elle désire d'entendre ?

Il en avait été ainsi de Reine à l'égard d'Érèbe. D'abord elle avait voulu le bannir de sa pensée ; malheureusement quand on cède au sentiment contre lequel on a lutté de toutes ses forces, il revient plus irrésistible encore.

Reine aimait donc Érèbe, peut-être à son insu, lorsque la fatale révélation du guetteur vint lui montrer l'objet de cet amour sous de si tristes couleurs.

La grandeur du sacrifice que Reine devait faire l'éclaira sur la puissance de l'affection avec laquelle elle avait, pour ainsi dire, joué jusqu'alors.

Pour la première fois une révélation soudaine lui apprit combien cet amour était profond.

Mystères impénétrables du cœur ! Pendant

les premières phases de ce singulier amour, elle avait regardé comme possible son mariage avec Honorat.

Du moment où elle sut qui était cet inconnu, du moment où elle sentit que, malgré la voix du devoir qui lui ordonnait de l'oublier, le souvenir d'Érèbe dominerait désormais toute son existence, il parut impossible à Reine d'épouser le chevalier.

Elle reconnaissait avec épouvante que, malgré ses efforts, son cœur ne lui appartenait plus, et elle était incapable de tromper Honorat...

Elle voulut faire un dernier sacrifice, renoncer au rosaire et au portrait qu'elle possédait, s'imposant cette résolution comme une sorte d'expiation de sa réserve envers son père.

La jeune fille souffrit beaucoup avant d'accomplir cette volonté.

Ainsi que nous l'avons dit, Reine marchait au bord de la corniche que formaient les rorochers au-dessus de la grève où se brisait la mer...

Mademoiselle des Anbiez portait, par-dessus sa robe, une sorte de mante brune à capuchon, rabattue sur ses épaules. Ce capuchon laissait voir sa tête nue et ses longues boucles de cheveux bruns agités par le vent. Sa physionomie avait une expression de mélancolie douce et résignée ; par fois, cependant, ses yeux bleus brillaient d'un vif éclat, elle redressait sa belle et noble tête avec une expression de douloureux orgueil.

Elle aimait passionnément, mais sans espoir; et elle allait jeter au vent les faibles gages de cet amour impossible...

A ses pieds, bien loin au-dessous d'elle, la mer brisait avec rage.

Elle tira le chapelet de son sein... le considéra un moment avec amertume, le pressa contre son cœur, puis elle étendit sa main blanche et délicate au-dessus de l'abîme... le chapelet tomba dans les flots.

Reine voulut en vain le suivre des yeux, le retable de la corniche était trop saillant pour qu'elle put rien apercevoir...

Elle soupira profondément... prit le portrait de l'inconnu, le contempla longtemps avec une triste admiration. Rien de plus pur, de plus enchanteur que les traits d'Érèbe ; ses grands yeux bruns, doux et fiers à la fois, lui rappelaient le regard rempli de candeur et d'élévation qu'il avait jeté sur Raymond V, après lui avoir sauvé la vie... Le sourire de ce portrait, rempli de sérénité, n'avait rien du sourire ironique et de l'expression hardie dont la jeune fille avait été si vivement frappée...

Pendant quelques moments, elle lutta contre sa résolution, puis la raison reprit son empire... elle approcha en rougissant ses lèvres du médaillon, les appuya sur le front du portrait..... et le jeta précipitamment dans l'espace...

Ce douloureux sacrifice accompli, Reine se sentit moins oppressée, elle aurait cru commettre une faute en conservant ces preuves de son fol amour.

Alors elle se croyait libre de s'abandonner aux pensées qu'elle renfermait au fond de son cœur...

Reine se promena longtemps sur la grève absorbée dans ses pensées.

En rentrant à la Maison-Forte, elle apprit que Raymond V n'était pas encore revenu de la chasse.

Il faisait nuit ; Reine, suivie de Stéphanette, entra dans son cabinet... Quelle fut sa stupéfaction, son épouvante...

Elle retrouva sur la table le portrait et le rosaire que, deux heures auparavant, elle avait cru jeter dans les abîmes de la mer...

CHAPITRE XX.

LA NOTRE-DAME DES SEPT DOULEURS.

Nous abandonnerons pendant quelque temps la Maison-Forte du baron des Anbiez et la petite ville de la Ciotat, pour conduire le lecteur à bord de la galère du commandeur Pierre des Anbiez.

La tempête avait forcé ce bâtiment à se réfugier dans le petit port de Tolari, situé à l'est du cap Corse, pointe septentrionale de cette île.

La cloche de la galère venait de sonner dix heures du matin.

Le temps était obscur, bas, le ciel lugubrement voilé de nuages noirs, les violentes et fréquentes rafales du vent de nord-ouest soulevaient une forte houle dans l'intérieur du port.

De quelque côté qu'on se tournât, on ne voyait que les arides et sombres montagnes du cap Corse, au pied desquelles se creusait la rade.

La mer était assez grosse dans l'intérieur de ce bassin, mais elle semblait presque calme, si on la comparait aux lames énormes qui s'abattaient à l'étroite entrée du port sur une ceinture de rochers.

Ces brisants, presque entièrement submergés, étaient couverts d'une écume éblouissante qui, fouettée par le vent, jaillissait en poussière humide et blanche.

Les cris aigus des mouettes et des goëlands surmontaient à peine le bruit tonnant de cette mer en furie qui s'engouffrait dans le chenal qu'il fallait traverser pour entrer dans la rade de Tolari.

Quelques misérables cabanes de pêcheurs, bâties sur la grève où leurs bâteaux à sec étaient amarrés complétaient ce site sauvage et solitaire.

Tourmentée par cette forte houle, la *Notre-Dame des sept douleurs*, tantôt s'élevant sur les flots, raidissait ses gumes * à les rompre ; tantôt, au contraire, semblait se creuser un lit entre deux lames.

Rien de plus sévère, de plus funèbre que l'aspect de cette galère peinte en manière de cénotaphe.

Longue de cent soixante-dix pieds, large de dix-huit, étroite, élancée, s'élevant à peine au-dessus du niveau de la mer, elle ressemblait à un immense serpent noir endormi au milieu des flots.

A l'avant du parallélogramme que formait le corps de la galère, était enté un éperon saillant et aigu, de dix pieds de longueur.

A l'arrière du même parallélogramme, était entée une poupe arrondie, dont le couvert s'inclinait vers la proue.

Sous cet abri appelé *carrosse de poupe*, logeait le commandeur, le patron, le prieur et le roi des chevaliers **.

---

* *Câbles* — en termes de galère *Gumes*.
** Le plus ancien des chevaliers de Malte embarqué.

Les arbres * de la galère, désarborés à son entrée en rade, avaient été placés dans la coursive, étroit passage qui traversait la galère dans son milieu et dans sa longueur.

De chaque côté de ce passage étaient rangés les bancs des forçats.

Au-dessus du carrosse de poupe, attachée à une hampe noire, flottait l'étendart de la religion, rouge, écartelé de blanc. Au-dessous de l'étendard un fanal de bronze désignait le grade du commandeur.

On comprend à peine de nos jours, comment les esclaves composant la chiourme d'une galère pouvaient vivre enchaînés nuit et jour à leurs bancs.

En mer, couchant sur le pont, sans abris.

En rade, couchant sous une tente d'herbage ** qui les garantissait à peine de la pluie et des frimas.

Qu'on se figure sur cette galère noire, par ce temps sombre et froid, environ cent trente galériens maures, turcs ou chrétiens, vêtus de

---

* *Arbres* en termes de galère ; les mâts.
** Grosse étoffe de laine.

vestes rouges et de cabans de laine brune à capuchons.

Ces malheureux frissonnaient sous le souffle glacé de la tempête et sous la pluie qui les inondait malgré le tendelet *.

Pour se réchauffer quelque peu, ils se pressaient les uns contre les autres, sur les bancs étroits où ils étaient enchaînés cinq par cinq.

Tous gardaient un silence morne, et jetaient souvent un coup-d'œil inquiet et craintif sur les argousins et sur les comites.

Ces bas officiers, vêtus de noir et armés d'un nerf de bœuf, parcouraient la coursie, de chaque côté de laquelle étaient les bancs de la chiourme.

Il y avait treize bancs à droite, douze à gauche **.

Les galériens formant *la palamente* *** de la *Notre-Dame des sept douleurs* avaient été selon l'habitude recrutés parmi les chrétiens, les Maures et les Turcs.

* Tente ou tendelet.
** La cuisine ou *fougon* occupait à gauche la place d'un banc.
*** — *Palamente.* — Armement de rames ou corps de rameurs.

Chacun de ces types d'esclaves avait sa physionomie particulière.

Les *Turcs*, indolents, abattus, paresseux, semblaient en proie à une apathie douloureusement contemplative.

Les *Maures*, toujours agités, inquiets, farouches, paraissaient continuellement épier l'occasion de briser leurs chaînes et de massacrer leurs gardiens.

Les *chrétiens*, soit condamnés, soit enrôlés de bonne volonté *, étaient plus insouciants de leur sort; quelques-uns même s'occupaient de quelques travaux de paille dont ils espéraient tirer profit.

Enfin les nègres, enlevés sur des bâtiments barbaresques, où ils ramaient comme esclaves, restaient dans une sorte de torpeur, d'immobilité stupide, leurs coudes sur leurs genoux et leurs têtes dans leurs mains.

La plupart de ces noirs mouraient de chagrin, tandis que les musulmans et les chrétiens finissaient par s'accoutumer à leur sort.

---

* On appelait ces derniers des *Buonvoglies* de l'italien *Buonvoglio*.

Parmi ces derniers quelques-uns étaient pourtant horriblement mutilés, ils appartenaient aux évadés *repris*.

Pour les punir de leur tentative d'évasion, on leur avait, suivant la loi, coupé le nez et les oreilles, de plus leur barbe, leur crâne et leurs sourcils étaient complétement rasés; rien de plus hideux que ces visages ainsi défigurés.

Enfin, à l'avance de la galère, et retranchés dans une espèce de corps-de-garde couvert, appelé *rambade*, on voyait en batteries les cinq pièces d'artillerie du navire.

Là se tenaient les soldats et les canonniers.

Ceux-là ne faisaient pas partie de la chiourme *; ils composaient, si cela se peut dire, la cargaison du bâtiment auquel les rames des forçats imprimaient le mouvement.

Une vingtaine de mariniers, libres aussi étaient chargés du maniement des voiles, du mouillage et des autres manœuvres nautiques.

Les soldats et les canonniers, considérés comme frères laïcs et servants, portaient des

---

* La chiourme se composait absolument des rameurs esclaves et des Buonvoglies.

casaques de bufle, des chaperons et des chausses noires.

Abrités par le toit des rambades, les uns, assis sur les canons, nettoyaient leurs armes; d'autres dormaient couchés sur le pont, enveloppés dans leurs cabans; d'autres, enfin, chose rare même parmi les soldats de la religion, faisaient quelques pieuses lectures, ou disaient leur rosaire.

A l'exception des forçats, l'équipage de cette galère, soigneusement choisi par le commandeur, avait une physionomie grave et recueillie.

Presque tous les soldats et les mariniers étaient d'un âge mûr ; quelques-uns même touchaient à la vieillesse. Aux nombreuses cicatrices dont la plupart de ces gens étaient couturés ; on voyait qu'ils servaient depuis long-temps.

Plus de deux cents hommes étaient réunis sur cette galère, et il y régnait un silence claustral.

Si la chiourme restait muette par la terreur du fouet des comites et des argousins, les mariniers et les soldats obéissaient à de pieuses habitudes, religieusement entretenues par le commandeur, Pierre des Anbiez.

Depuis plus de trente ans qu'il commandait cette galère de la religion, il avait tâché de toujours conserver le même équipage, remplaçant seulement, à son grand regret, les hommes qu'il perdait.

On connaissait à Malte la rigidité de la discipline établie à bord de la *Notre-Dame des sept douleurs.* Le commandeur était peut-être le seul des officiers de la religion qui exigeât la stricte observance des règles de l'ordre. Sa galère, à bord de laquelle il ne recevait que des gens éprouvés, devint une sorte de couvent nomade, rendez-vous volontaire de tous les marins qui voulaient faire leur salut, en s'astreignant scrupuleusement aux rigoureux devoirs de cette confrérie militaire et hospitalière.

Il en était de même des officiers et des jeunes caravanistes.

Ceux qui préféraient mener une vie joyeuse et hardie (et c'était l'immense majorité) trouvaient la plupart des capitaines de la religion très disposés à les recueillir et à oublier avec

eux, tout en se battant bravement contre les
infidèles, que leur mission de moines-soldats
était à la fois sainte et guerrière.

Au contraire, le très petit nombre de jeunes chevaliers qui aimaient pour elle-même cette vie pieuse et austère mêlée de grands périls, recherchaient avec empressement l'occasion de s'embarquer sur la galère du commandeur Pierre des Aubiez.

Là, rien ne choquait, rien n'alarmait leurs religieuses habitudes. Là ils pouvaient se livrer à leurs saints exercices sans craindre d'être raillés ou de devenir peut-être assez faibles pour rougir de leur zèle.

Le maître canonnier, ou cap-de-mestre de la galère, vieux soldat basané, portant une jaquette de feutre noir à croix blanche, était assis dans le corps-de-garde de l'avant, ou rambade, dont nous avons parlé.

Il causait avec le maître des mariniers de la *Notre-Dame des sept douleurs*. Ce dernier se nommait maître Simon ; le premier se nommait maître Hughes. Ainsi que son compagnon, il avait constamment navigué avec le commandeur des Aubiez.

Maître Hugues fourbissait avec soin un hausse-col de mailles d'acier ; maître Simon regardait de temps en temps à travers l'ouverture de la rambade, pour interroger le ciel et la mer, et pouvoir pronostiquer la fin ou le redoublement de la tempête.

— Frère — dit Hughes à Simon — la tramontane souffle bien fort, et de quelques jours nous n'arriverons pas à la Ciotat. La fête de Noël aura passé, et le frère commandeur sera chagrin.

Maître Simon, avant que de répondre à son camarade, consulta de nouveau l'horizon et dit d'un air grave :

— Quoiqu'il ne convienne pas à l'homme de chercher à deviner la volonté du Seigneur, je crois que nous pouvons espérer de voir bientôt la fin de cette tourmente ; les nuages semblent moins bas, moins pesants. Peut-être demain, notre ancien compagnon, le vieux guetteur du cap de l'Aigle signalera-t-il notre arrivée dans le golfe de la Ciotat.

— Et ce sera un jour de joie dans la Maison-Forte de Raymond V — dit maître Hughes,

— Et aussi à bord de la *Notre-Dame des sept*

douleurs — dit maître Simon — quoique la joie y paraisse aussi rarement que le soleil pendant le vent d'ouest.

— Voici ce hausse-col fourbi — dit le canonnier en regardant son ouvrage d'un œil satisfait — c'est étrange, frère Simon, comme le sang est tenace sur l'acier? J'ai beau frotter, on distingue toujours les traces noirâtres sur les mailles !

— C'est ce qui prouve que l'acier aime le sang comme la terre aime la rosée — dit le marinier en souriant tristement de sa plaisanterie.

— Sais-tu pourtant — dit Hughes — qu'il y a bientôt dix ans que le frère commandeur reçut cette blessure dans son combat contre Mourad-Reys, le corsaire d'Alger ?

— Je me souviens si bien de cela, frère, que d'un coup de hache d'armes j'abattis le mécréant qui avait presque brisé son kangiar sur la poitrine du commandeur, heureusement défendue par cette maille de fer. Sans cela, Pierre des Anbiez était mort.

— Aussi tient-il beaucoup à ce hausse-col... et je vais le lui porter...

— Arrête — dit le marinier en prenant le bras du canonnier — le moment est mal choisi, le frère commandeur est dans ses mauvais jours.

— Comment?

— Le maître écuyer m'a dit tout-à-l'heure que le frère Elzéar avait voulu entrer dans le gavon, mais que *le crêpe* était sur la porte...

— Je comprends... je comprends... ce signe suffit pour que personne n'ose entrer dans la chambre du commandeur, avant qu'il n'en ait donné l'ordre.

— Ce n'est pourtant aujourd'hui ni un samedi, ni le dix-septième jour du mois? — dit maître Hughes d'un air pensif.

— C'est vrai, car c'est seulement aux approches de ces époques que son humeur sombre semble l'accabler davantage — dit maître Simon.

A ce moment une sorte de sourde rumeur se fit entendre au dehors parmi la chiourme.

Ce bruit n'avait rien de menaçant, il exprimait, au contraire, une sorte de contentement.

— Qu'est ce que cela ? — dit le canonnier.

— C'est sans doute le R.-P. Elzéar qui paraît sur le pont. Rien qu'en le voyant les esclaves se croient déjà moins malheureux.

FIN DU PREMIER VOLUME.

www.ingramcontent.com/pod-product-compliance
Lightning Source LLC
Chambersburg PA
CBHW050749170426
43202CB00013B/2357